青铜之美

国宝里的中式美学

红糖美学◎著

人民邮电出版社
北京

图书在版编目（CIP）数据

青铜之美 / 红糖美学著. -- 北京 : 人民邮电出版社, 2024. -- (国宝里的中式美学). -- ISBN 978-7-115-64831-0

Ⅰ. K876.41

中国国家版本馆 CIP 数据核字第 20244J7D25 号

内 容 提 要

本书从美学的角度解读中国青铜器，带领读者鉴赏青铜器，了解青铜器，普及青铜器相关知识。

本书共六章。第一章为食器，以10件具有代表性的青铜食器，展示青铜的特点及相关历史、文化知识；第二章为酒器，展示27件青铜器及相关延展知识；第三章为水器，展示7件青铜器及相关延展知识；第四章为乐器，展示8件青铜器及相关延展知识；第五章为兵器，展示7件青铜器及相关延展知识；第六章为杂器，展示11件青铜器及相关延展知识。

本书适合对青铜器、传统文化感兴趣的读者阅读。

◆ 著　　　红糖美学
　责任编辑　魏夏莹
　责任印制　周昇亮

◆ 人民邮电出版社出版发行　　北京市丰台区成寿寺路 11 号
　邮编　100164　　电子邮件　315@ptpress.com.cn
　网址　https://www.ptpress.com.cn
　天津裕同印刷有限公司印刷

◆ 开本：787×1092　1/16
　印张：11　　　　2024 年 11 月第 1 版
　字数：281 千字　　2024 年 11 月天津第 1 次印刷

定价：158.00 元

读者服务热线：(010)81055296　印装质量热线：(010)81055316
反盗版热线：(010)81055315
广告经营许可证：京东市监广登字 20170147 号

前言
Preface

在灿烂辉煌的中华文明当中，青铜文化是古代物质文明的重要体现和精神文明的一大载体。青铜器不仅代表一段历史，还是我们今天认识、解释和研究古代社会、文化、艺术等的重要工具。

我国迄今发现最早的青铜器源于马家窑文化晚期。二里头文化时期的青铜工艺已经脱离了最原始的状态，例如，此时期出现了器壁极薄的乳钉纹铜爵，这表明当时人们已经掌握了青铜的冶炼技术。

商代盘庚迁殷后，青铜器逐渐成为重要的祭祀工具。由于需要用于大量的祭祀活动，武丁时期的青铜器纹饰神秘庄重、体积较大。从商早期至西周建国后，青铜器上的铭文以记事为主，为后世留下了珍贵的资料。

春秋战国时期，随着经济的发展，青铜器新的形制不断涌现，纹饰变得更加精细，造型也更加多变。战国中晚期，由于铁的出现，青铜器逐渐退出了历史舞台。到了汉代，人们将青铜器的出土视为祥瑞，开始对青铜器及其铭文进行研究。直至宋代，一批著作如《金石录》《钟鼎款识》等相继问世。明代宣德年间，官府奉旨铸造了一批铜炉。尽管宣德铜炉与古代青铜器的成分有所不同，但冶炼铜器的再次使用，标志着铜文化的回归。

中国约2000年的青铜器文化给后世留下了众多精美器物。然而，由于各种原因，许多青铜器已经破损或遗失。我们精选了70件青铜器进行展示和讲解，希望能从纹样、造型、工艺、用途等多方面，以及美学、历史等多角度带领读者一同感受青铜之美，同时感受古代劳动人民的工艺智慧和独到审美。这不仅能让我们对我国传统文化有更深的认识，同时也提醒我们珍惜和保护这些珍贵的文化遗产。

红糖美学

青铜之美

The Beauty of Bronze Ware

目录
Contents

第三章 水器

第四章 乐器

第五章 兵器

第六章 杂器

大克鼎

毛公鼎

伯矩鬲

利簋

第一章 食器

中国作为世界农业起源之一，在新石器时代，我们的先民就培育出了粟、黍、稷、稻等粮食作物。进入青铜时代，粮食作物开始成为人们饮食生活中的主导，口食之欲推动了食器的发展，饮食文化系统逐渐形成。青铜食器有炊器、盛食器、取食器等，具体器型有鼎、簋、鬲、甗、簠、敦、豆等，种类多样。商周时期，青铜食器除了满足饮食需要，作为身份等级的象征，还是王公贵族举行祭祀、丧葬、宴飨、婚礼等重大活动的礼仪用器。春秋时期，青铜食器造型简化，更加世俗化。

后母戊鼎

颂簋

后母戊鼎

将迄今为止最大的鼎献给敬爱的母亲，铭记恩情。

首批禁止出国（境）展览文物

中国国家博物馆藏

商代晚期　青铜礼器

后母戊鼎又名司母戊鼎，1939年于河南安阳武官村出土，因其腹壁铭文而得名，是商王祖庚或祖甲为祭祀其母戊而制作的。此鼎造型方正，高大厚重，是迄今为止出土的最大、最重的青铜鼎。鼎身四壁有兽面纹、夔龙纹，鼎耳有虎食人纹等纹样，这些纹样可以增加后母戊鼎的威武凝重之感。青铜器在铸造成型之初呈金黄色，可以想象，巨大的后母戊鼎在当时是何等的金碧辉煌。铸造此鼎至少需要两三百人协作配合，并且需要一个巨大的熔炉进行烧制。这充分说明商晚期的青铜器铸造行业不仅规模宏大，而且组织严密、分工细致，足以凸显商代工匠的高超技艺和智慧。

纹样

Patterns

后母戊鼎的鼎身以雷纹为地，四周浮雕刻有夔龙纹、兽面纹等纹样，以鱼纹和商代特有的虎食人纹作为鼎耳的纹样，展示了神秘粗犷的原始之美。

鱼纹

鼎耳耳侧的开口两尾鱼纹显得生动可爱。

肥遗纹

正立面上下边缘都饰有由两条对称的夔龙拼合而成的兽面纹，这种长身兽面纹又被称为“肥遗纹”。

牛角兽面纹

以牛为原型的兽面纹，头顶处有典型的牛角，下面较大的牛鼻孔也是该纹样的特征之一。

虎食人纹

虎食人纹有辟邪驱恶的寓意。两只立虎张口欲啖食人首，但人并没有露出恐惧的神态，而是很平静，好像猛虎不是要吃他，而是要保护他一样。

牛首纹

牛首纹寓意美好，鼎耳下方的牛首纹较小，牛的表情栩栩如生，显得灵动活泼。

立式夔龙纹

立式的反“弓”形夔龙，眼睛与人眼形状很像，灵气十足，并且身上有云纹装饰，使得夔龙像是在天上游走一般。

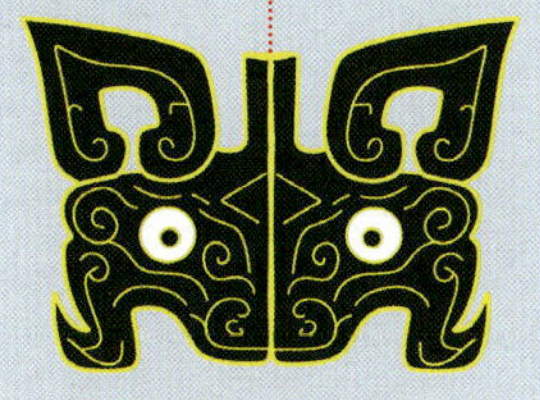

龙形兽面纹

与牛角兽面纹不同的是，龙形兽面纹上有龙的犄角，眼睛硕大，使龙看上去气势汹汹。

饕餮纹

鼎足上端饰浮雕式饕餮纹，下衬三周凹弦纹，这使鼎足显得更加稳固有力。

夔龙兽面纹

鼎的侧面相较于正面来说窄一些，夔龙兽面纹显得头大身小。

造型 Style

鼎的形状与天圆地方的观念相合，圆鼎祭天装肉，方鼎祭地盛谷物。方鼎一般类似长方体，正面宽、侧面窄，有四足。

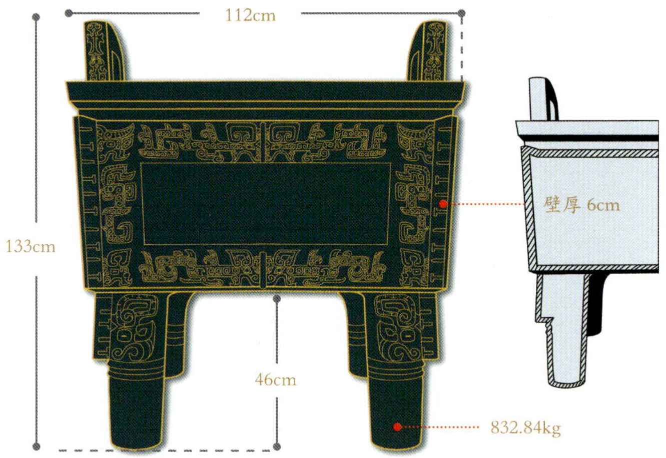

铭文 Inscription

后母戊鼎因鼎腹内壁上铸有“后母戊”三字铭文得名，其中“母戊”是商王武丁的后妃妇妌的庙号，此鼎是商王祖庚或祖甲为祭祀其母戊而制作的。

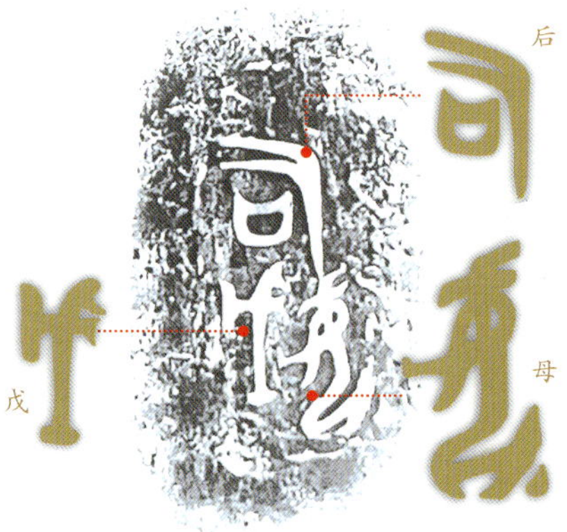

郭沫若曾为此鼎取名为“司母戊鼎”。随着考古发现的增多，考古资料越来越健全，专家证实商王武丁时期“司”“后”二形均是“后”字之意，于是在2011年，中国国家博物馆将此鼎更名为“后母戊鼎”。

工艺 Technology

后母戊鼎是用陶范法铸造而成的，在商晚期铸造后母戊鼎至少需要1000kg以上的原料，而且要先进行内、外范的制作，然后才能进行浇铸，工程量巨大，因而此鼎堪称奇迹。

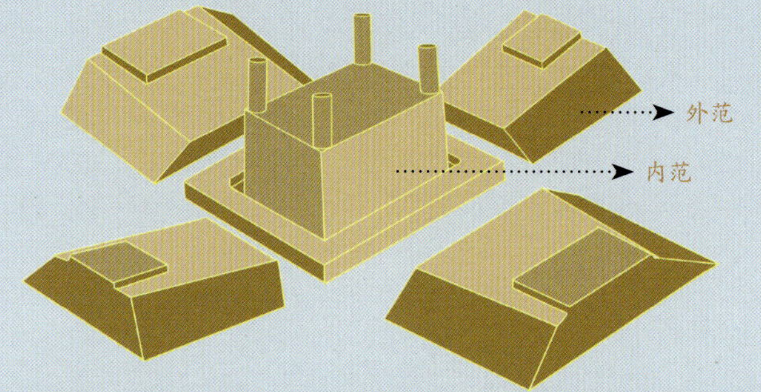

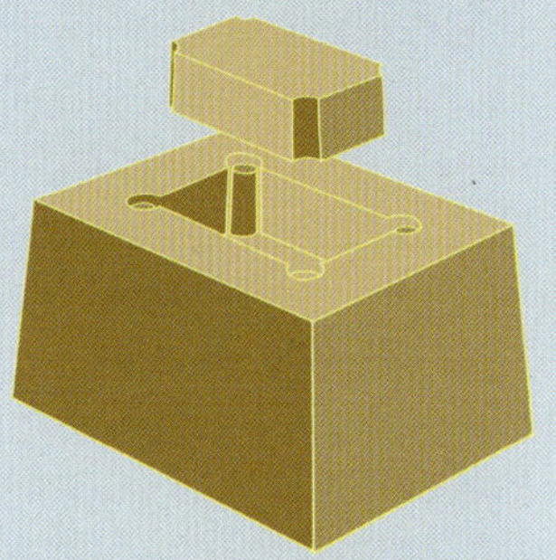

步骤①

首先制模，用泥土捏出造型，然后阴干成型。接着进行翻范，用力拍压泥模的外面，按照鼎的足、底、边、角用刀将泥模划分成若干块范。

步骤②

制好范后，留出鼎足的浇口范，组合成铸型，进行合范。外范与内范之间的距离就是鼎身器壁的厚度。

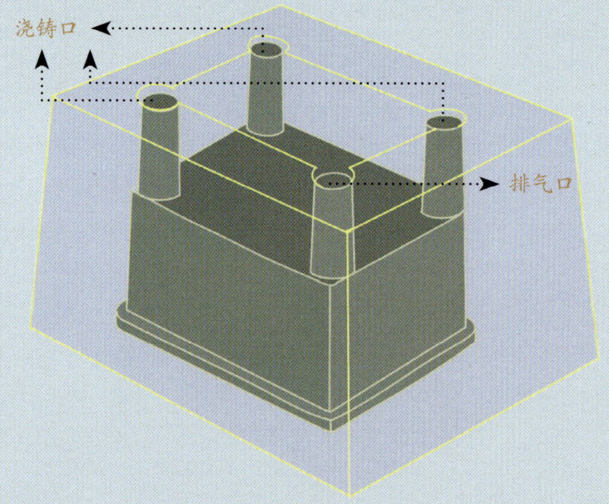

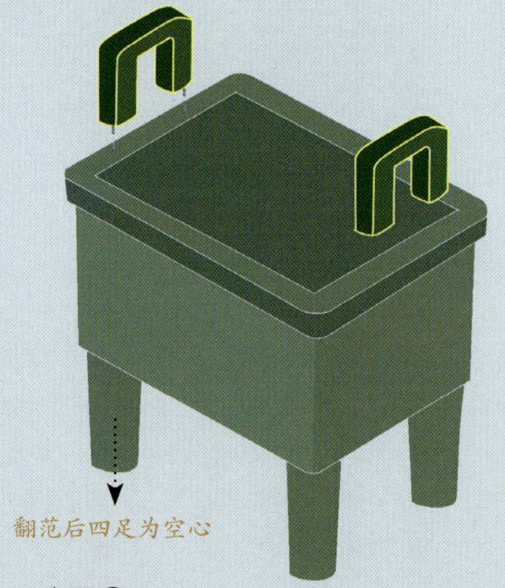

步骤③

3个鼎足作为浇铸时的浇铸口，1个鼎足作为排气口。将铜汁从3个鼎足的洗口范慢慢往铸型里灌注。

步骤④

待鼎身铸好后，再在上面安模、翻范，浇铸鼎耳。

大克鼎

鼎身铭文诉历史，见证沧桑岁月。

首批禁止出国（境）展览文物
上海博物馆藏
西周中期 青铜礼器

大克鼎，1890年出土于陕西省扶风县法门镇任村。早期的鼎身下有三足，便于平地起灶，直接架在火上加热，鼎是那时人们生活中最常见的器物。进入青铜时代，鼎更是成为祭祀和宴飨等礼仪场合中的重要礼器。大克鼎铸造于西周时期，整器威严厚重，口沿下装饰变形兽面纹，腹部宽大的纹样呈凹凸状且富有节奏感，蹄足上部饰有浮雕兽面纹。每组变形兽面纹间、足部的兽面纹鼻梁处皆设宽厚的扉棱。纹样线条简洁，有别于商代晚期以来华丽繁缛的青铜器装饰风格，这反映了当时社会政治、经济和文化的变革。

纹样 Patterns

大克鼎的纹样具有典型的西周中晚期风格，其颈部饰有3组兽面纹，不同于商代一般兽面纹的狰狞凌厉，此鼎上的兽面纹看上去非常柔和。鼎腹的波曲纹造型循环往复，是西周时期的经典纹样。

缠枝夔龙纹

缠枝夔龙纹左右对称，每侧有3条首尾相连的龙，空隙处还有2条小龙，造型生动，富于变化。

浮雕兽面纹

每一个蹄足上都有一个倒梯形的浮雕兽面纹，浮雕兽面纹虽有獠牙、兽角，但看上去乖巧可爱。

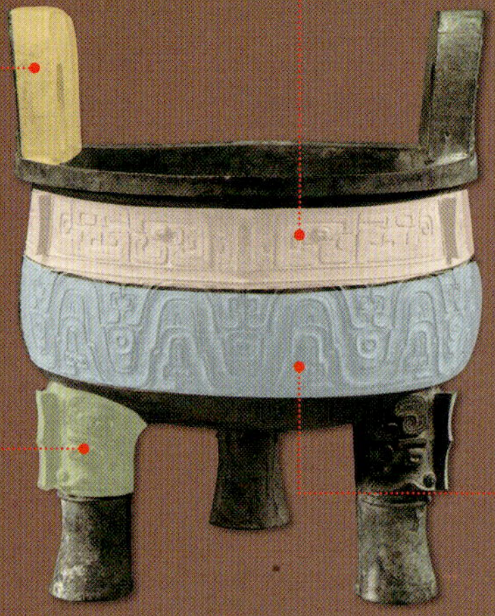

变形兽面纹

兽面纹一般以动物的面目形象出现，其结构较鲜明，有些带身体，有些只有面目。鼎身颈部的变形兽面纹面目进行了水平翻转，头角向下，身体与足向内蜷缩，进行了抽象化的处理。

波曲纹

鼎腹有宽大的波曲纹（环带纹），波曲纹出现于西周中期，盛行于西周晚期至春秋中期，消失于战国中晚期，是区分商周青铜器的重要标志。

背景 Background

公元前10世纪末的大克鼎于19世纪末的晚清重见天日，几经周折转到收藏家潘祖荫手中。在抗日战争期间，大克鼎幸得当时的主人潘达于的全力保护，其将大克鼎深埋于地下，从而使其躲过掠夺。

- **西周铸鼎**：西周孝王时期，一个叫克的人铸造大克鼎，祭祀祖父。
- **清代出土**：大克鼎于清代光绪年间出土于陕西省扶风县法门镇任村。
- **潘府收藏**：柯劭忞将大克鼎收购后卖于潘祖荫。
- **藏于地下**：抗日战争时期，为躲避日军搜刮，潘达于（潘家后人）将大克鼎藏于地下。
- **博物馆藏**：新中国成立后，潘达于将大克鼎捐献给上海博物馆。

铭文 Inscription

鼎内有铭文290字，记载了西周第八位王周孝王册封该鼎主人克的事件，这篇铭文是研究西周中期礼制的重要文献，同时其凭借优美的书体也在书法史上占有重要地位。

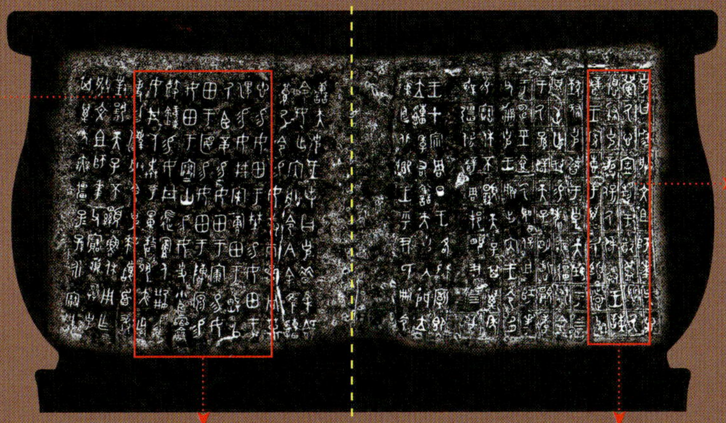

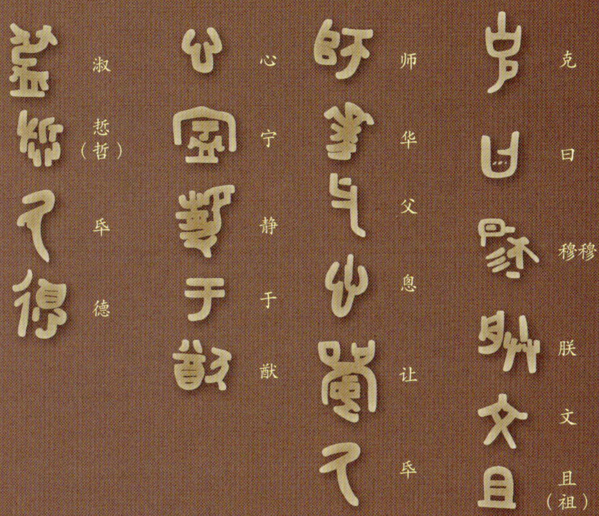

铭文分为两段。第一段是鼎主人克赞美祖先师华父的功绩，这里需要提及的是，由于西周实行世袭制，因此，鼎主人因祖先曾辅佐过周王而获得了官职。如鼎上铭文显示克的祖先担任"师"的官职。第二段则记叙周王因此而任命克担任膳父之职时，克所获得的赏赐。

造型 Style

大克鼎鼎口有大型双立耳，腹略鼓而垂，称敛口侈腹，这是典型的周鼎器型之一。鼎足着地点比上端略宽大，重心略向外偏，这是商代柱足演变为周代蹄足的重要例证。

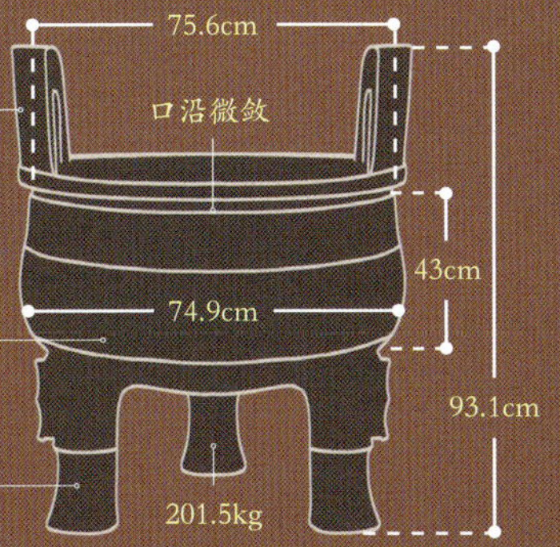

敛口侈腹圆鼎式

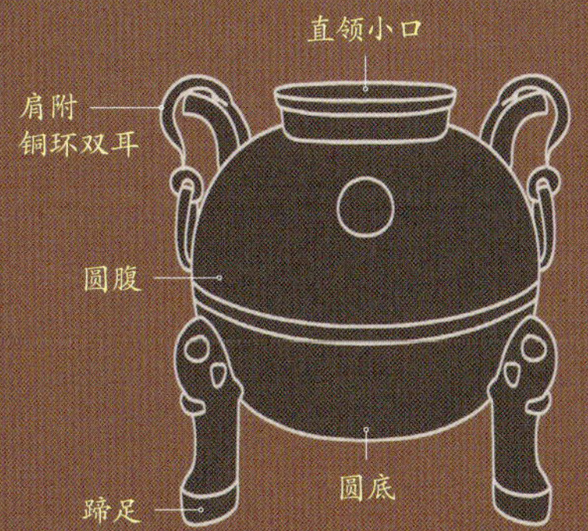

小口圆鼎式

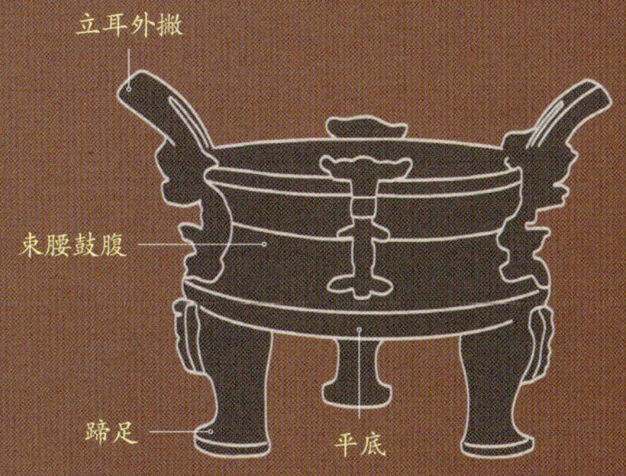

束腰鼓腹平底圆鼎式

子口圆鼎式

毛公鼎

满腹诗书，我是青铜器界的大明星。

台北故宫博物院藏

西周晚期 青铜礼器

毛公鼎是清道光年间在陕西省岐山县由村民董春生挖土时发现的，出土后，经多次转手秘藏，在抗日战争期间险为日本军方所夺。毛公鼎命运多舛，最终归为公有。此器因作器者为毛公而得名，整器敞口，半球形深腹，器表装饰整洁，素雅而端庄。器内铭文是现存青铜器铭文中最长的一篇，其文字布局完美，章法有致，叙事完整，是西周晚期金文的典范之作。毛公鼎位列台北故宫博物院十大镇馆之宝之首，其形象是台北故宫博物院的两大纪念章主图之一。

铭文 Inscription

毛公鼎内腹及底部铸有铭文32行，约500字。

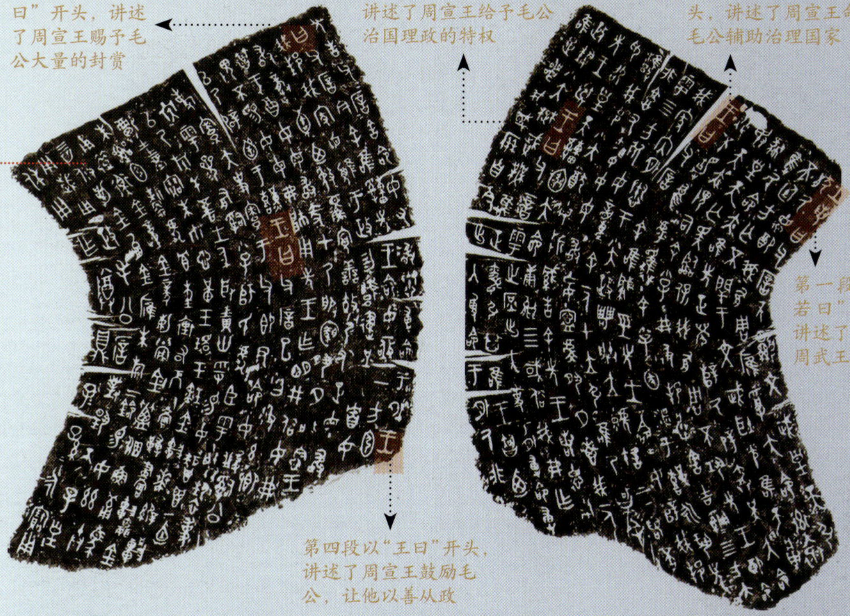
最后一段以“王曰”开头，讲述了周宣王赐予毛公大量的封赏
第三段以“王曰”开头，讲述了周宣王给予毛公治国理政的特权
第二段以“王曰”开头，讲述了周宣王命毛公辅助治理国家
第一段以“王若曰”开头，讲述了周文王、周武王的政绩
第四段以“王曰”开头，讲述了周宣王鼓励毛公，让他以善从政

铭文可分为5段，讲述了周宣王即位时振兴朝政，请毛公辅助治理国家，毛公勤公无私，周宣王给予其丰厚赏赐，毛公因而铸鼎传示子孙的故事。这篇铭文被誉为“抵得一篇《尚书》”。

中国邮政
CHINA
80分

毛公鼎的铭文属于大篆，字体瘦劲修长，笔法精严，书法风格凝重而不失典雅。该铭文于2003年被国家邮政局选作古代书法特种邮票的图案。

纹样 Patterns

西周晚期的青铜器纹样渐趋简洁，当时流行波曲纹、重环纹和直线纹等简单的纹样，繁缛的动物纹样较少见，许多重器上还出现了不饰纹样的素面。毛公鼎仅在口沿处饰重环纹，装饰古雅朴素。

重环纹

重环纹源于商代晚期的鳞瓣纹，象征简化的动物躯体。毛公鼎口沿处的重环纹呈环带状分布，由近圆形环体和近椭圆形环体构成，整体简洁明了。

造型 Style

毛公鼎整体庄重有力，造型浑厚凝重，是西周晚期圆鼎的重要代表。

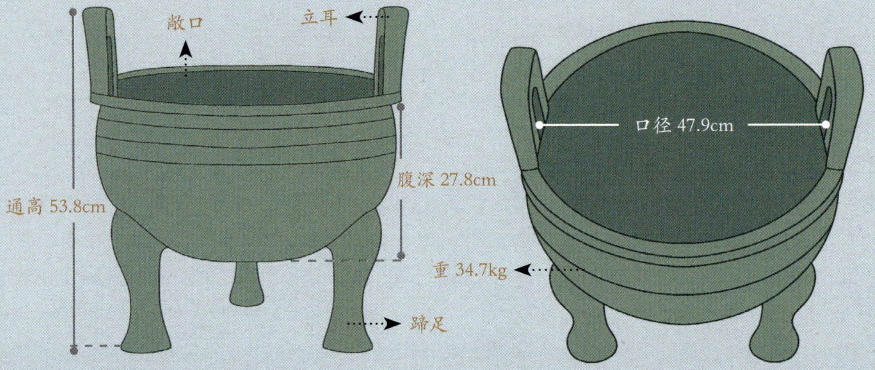

毛公鼎为敞口，两只立耳厚重，耳顶微外撇，器腹呈半球形，腹腔圆而深，3个蹄足矮短而结实有力。该鼎质朴的造型使其充满了生活气息。

背景 Background

大盂鼎、大克鼎和毛公鼎，器型雄浑，都为青铜器中的重器。三者均于清代末年出土于陕西省周原遗址附近，并称“海内三宝”，闻名于世。

大盂鼎　大克鼎　毛公鼎

三者之中大盂鼎是体积最大的，以饕餮纹为主要纹样，大克鼎是最重的，足部饰兽面纹，腹部饰波曲纹，其纹样较大盂鼎更富动感；毛公鼎的体积与重量排在最后，器身纹样也最为朴素，该鼎仅在口沿处饰一圈重环纹。

制度 System

青铜器的配置体现了西周严格的礼乐制度。鼎在祭祀、宴飨、随葬中的数量要依据不同的人的身份进行分配。

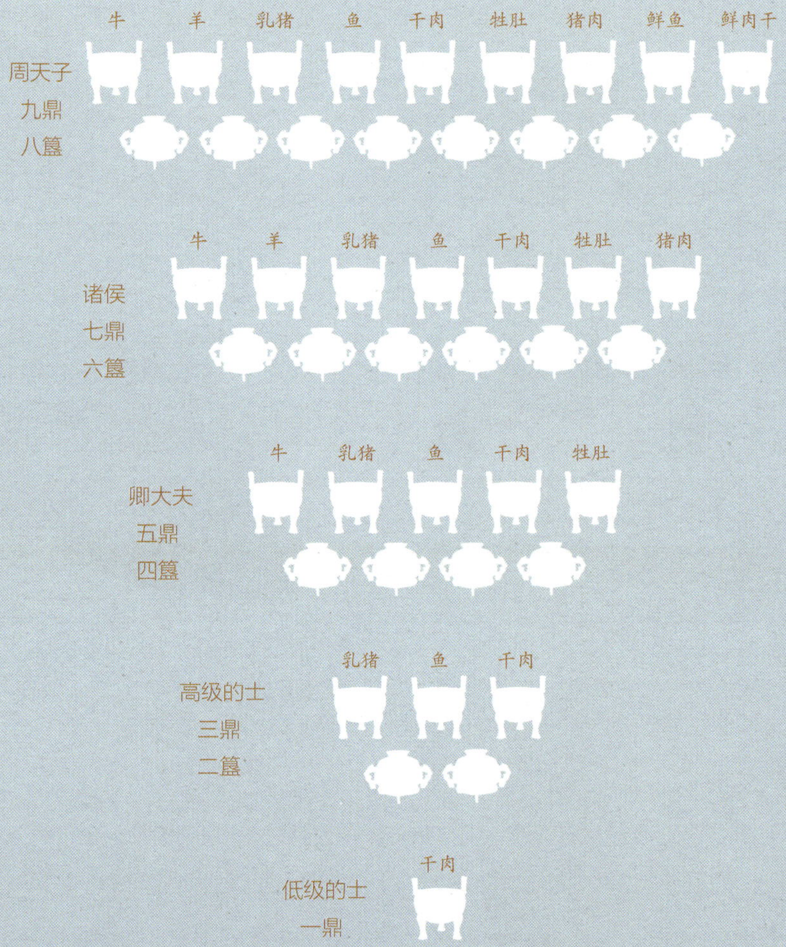

在祭祀、宴飨、丧葬中，鼎与簋内盛放的物品也有所区别，鼎内主要盛放肉制品，而簋内则盛放黍、稷等粮食作物。

大禾人面纹方鼎

我靠颜值出圈，我的脸独一无二。即使我破为碎片，也能重焕容颜。

大禾人面纹方鼎于1958—1959年在湖南宁乡黄材镇炭河里乡胜溪村由农民挖地时发现，这位农民把这件器物卖给了废品站，但该器物的碎片幸运地被文物修复师发现了。经修复，大禾人面纹方鼎重获新生。整器颜色碧绿，略呈方形。器身四周饰半浮雕人面纹，这是全国目前唯一一件以人面纹为饰的鼎，其造型奇异，纹样独特，具有极其珍贵的研究价值。对于所刻之人的身份，学术界尚有不同的说法。鼎腹内壁铸“大禾”两字铭文，因此该鼎亦被称为大禾方鼎。

第三批禁止出国（境）展览文物

湖南博物院藏

商代晚期 青铜礼器

纹样
Patterns

大禾人面纹方鼎的四周以形象相同的人面纹作为主体纹样，器足上饰兽面纹，器耳正面和外侧饰有不同的纹样。整器纹样独特罕见，运用了反复、对称的手法，强化了主题，增强了视觉冲击力。

“几”字形羽冠纹

人面纹的双耳之上各有一角状物，左右对称。该纹样最初被称为“云勾纹”，后被命名为“几”字形羽冠纹。

变形兽面纹

立耳正面的变形兽面纹是用较少的线条描绘出来的，与立耳外侧的对立夔龙纹相比，其更加凝练简洁。

爪状纹

人面纹的侧下方饰有爪状纹，其以雷纹为地，爪子尖锐锋利，遒劲有力。双爪如同人的前臂，该纹样的设置应与巫师持鸟实施巫术的特征相关。

对立夔龙纹

立耳外侧饰有对立夔龙纹，两条夔龙相对而饰，配合立耳的形状形成一道拱门。对立夔龙纹线条精简却刻画到位，丝毫未减弱夔龙的气势。

正面

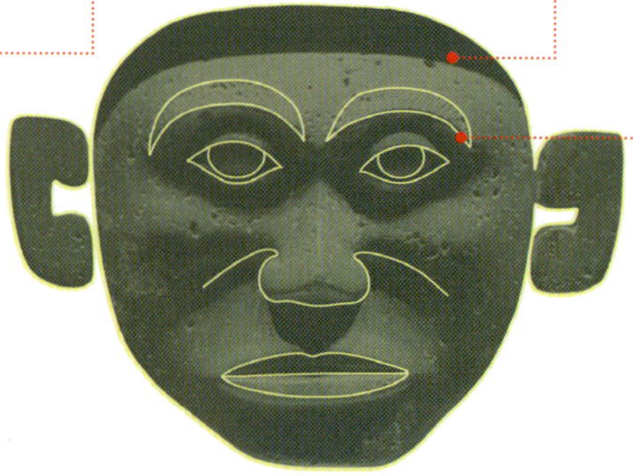

侧面

人面纹

器腹四面饰有高浮雕人面纹，人面呈方圆形，颧骨高，嘴宽，眼圆，双眉形似新月。

造型
Style

方鼎是以圆鼎为基础演化和发展而来的，流行于商代和西周早期。大禾人面纹方鼎近似长方体，有两个立耳，立耳的中间部分呈圆拱形，鼎口略宽于鼎底，下有4个柱形足。此鼎形制雄伟，造型罕见。

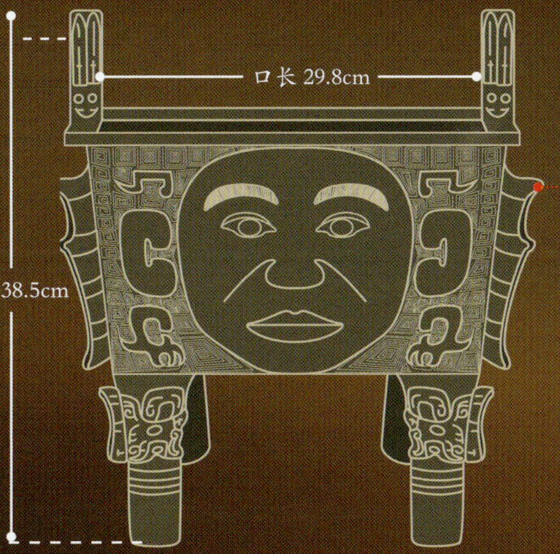

器身装饰有扉棱，扉棱斜向前，形似鱼鳍，又如同为人面增添的翅膀，造型神秘。扉棱消失于战国中晚期，是商周青铜器断代的重要标志。

文化
Culture

从新石器时代起，器物已开始用人面纹进行装饰，但以4个人面纹为装饰的青铜器，在历代图录中都很少见，可见此鼎十分稀有珍贵。

人面鱼纹彩陶盆

这是新石器时代的陶器，人面周围饰有鱼鳍形装饰，构成奇特的人鱼形象。

青铜面具

这是三星堆文化的典型器物，人面宽长，长眉，耳郭较宽，耳垂穿孔，造型极其夸张。

人面青铜盉

盉盖上饰人面纹，两耳有孔，头上有瓶形角，器盖与器身相连。

铭文
Inscription

商人常以祭祀的形式来祈求丰收，由大禾人面纹方鼎内壁铸的二字铭文“大禾”可推测其用于农业祭祀。

“禾”泛指粮食，字形像饱满的稻谷被压弯时的样子，惟妙惟肖。“大禾”的寓意是希望稻谷长得与人齐高，表达了作器者渴望稻谷丰收的愿望。

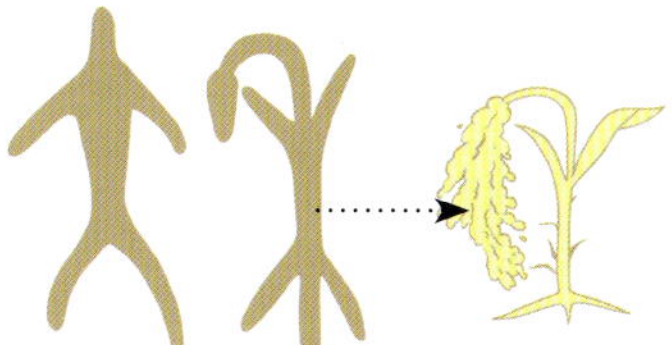

金文

甲骨文

小篆

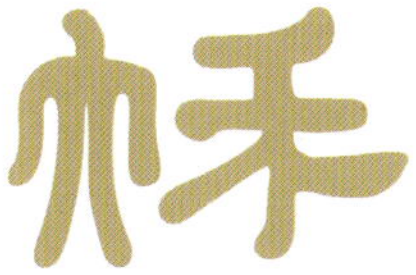

隶书

楷体

金文中，“大”字与“人”字是同一个字，呈跨步、双臂伸出的人形，代表人体四肢舒展。

利簋

见证战场上的厮杀，开周代之盛世。

首批禁止出国（境）展览文物
中国国家博物馆藏
西周早期 青铜礼器

利簋，1976年出土于陕西临潼零口镇，是目前我国发现的最早的西周青铜重器。簋，流行于商代至春秋战国时期，是用于盛放煮熟的谷物类主食的器皿。宴飨和祭祀时，簋以偶数的形式与列鼎配合使用，是重要的礼器。利簋是西周早期铜簋的典型造型，采用了上圆下方的形制，体现了古人的天圆地方的宇宙观。而利簋最有价值的地方在于它的铭文，器内的铭文记述了武王征商获胜的经过，故利簋又称为“武王征商簋”。利簋作为牧野之战的唯一见证，记述了武王伐商的史实，为夏商周年代的划定提供了重要的实物资料，是当之无愧的国之重宝。

造型 Style

利簋的上半部分呈碗形，侈口，腹微鼓，有两只兽形耳；下半部分为方座，整体造型庄重大气。

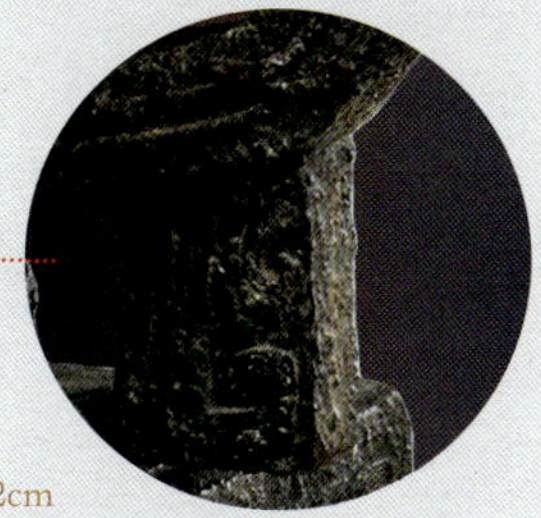

兽形耳上的垂珥近似长方体，在为造型增添趣味的同时，使观众的视线下移，突出利簋的庄重。

铭文 Inscription

利簋的腹内底部有4行铭文，共计32字。铭文字体扁长，首尾尖，中间粗，字迹稳健。铭文记载了周武王征商，并在甲子日清晨击败商王军队的史实。

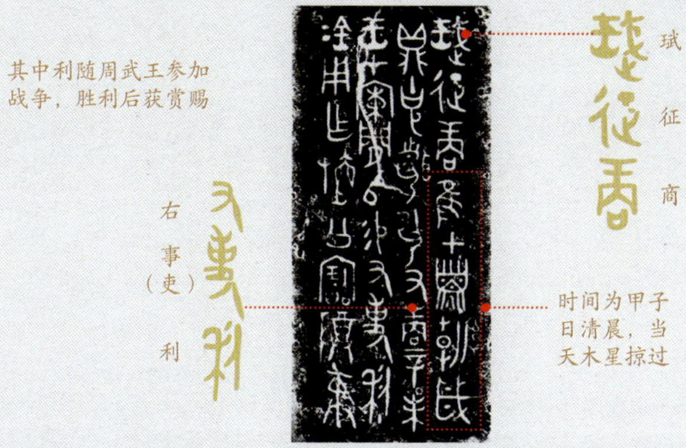

多年来，学界对武王克商的时间形成了40余种结论，商周的断代未得定论，而利簋内的铭文记载了武王征商的时间，是商周断代的重要实物见证。

纹样 Patterns

利簋器腹及方座均以雷纹为地，上饰兽面纹，圈足处饰变形夔龙纹，方座上端的四角饰浮雕饰牛首纹。器身上的纹样线条流畅清晰，多种纹样的组合给这件肃穆庄严的西周利簋平添了几分凝重感和神秘感。

龙首兽面纹

器腹兽面的上端饰有一兽首，该兽首凸出器表，增添了整个兽面的气势。

兽首纹

器耳为兽形耳，兽耳大张，两耳微微向内聚拢，高出器口，兽嘴翘起。

变形夔龙纹

变形夔龙纹以二方连续的形式绕圈足一周，龙尾卷曲上扬，龙形圆润庄重。

浮雕式牛首纹

方座上端的四角饰浮雕式牛首纹，让整个利簋布满纹样。

夔龙兽面纹

方座上的兽面纹与利簋腹部的兽面纹相仿，不同的是，前者两边伴有夔龙纹。

颂簋

我名为颂，更要歌颂天子的恩德。

颂簋，据传于清朝前期在陕西出土，清嘉庆年间被官员刘喜海收藏，后辗转几人之手，导致器身与器盖分离。1959年，丁氏后人将收藏的器盖捐赠给山东博物馆，颂簋方才重归完整。因器主名为颂，故以颂簋命名。颂簋、颂鼎和颂壶的铭文相同，它们属于同一组青铜器，被称为“三颂”。颂簋盖、器同铭，各铸15行152字，完整记述了颂接受周天子册命，感怀圣恩，做此器传诸子孙的过程。颂簋铭文工整秀丽，整器以窃曲纹和瓦纹为主要纹样，纹样瑰丽，形制庄重。颂簋为山东博物馆十大镇馆之宝之一。

西周晚期　青铜礼器

山东博物馆藏

纹样 Patterns

颂簋纹样丰富，器耳下有垂珥，器盖与器身的纹样设置巧妙，以口沿为界，窃曲纹与瓦纹大体呈对称之势，盖顶提手内饰卷尾龙纹。整体装饰疏密有致。

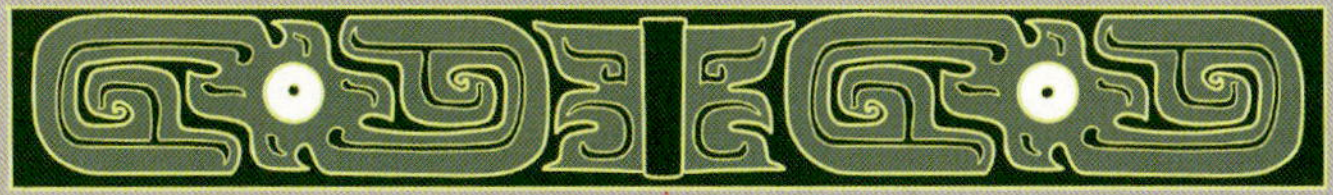

窃曲纹

颂簋的窃曲纹属于变体龙纹，以兽目为中心，整体呈横“S”形。

瓦纹

瓦纹又称平行沟纹或横条纹。提手下方与器腹中下部各饰3周和6周瓦纹，瓦纹凹槽内素地。

龙首纹

器腹两端饰有兽形耳，两兽耳平行贴于器耳上，兽面威严，具有震慑力。

卷尾龙纹

圈足下端的小龙呈卷尾形态，与象鼻的卷起呈相互呼应关系，具有整体性。

垂鳞纹

垂鳞纹盛行于西周晚期和春秋时期，常饰于器盖和器底部，作为边饰。颂簋圈足处的垂鳞纹排列整齐，底端略微凸出，打破了纹样的方正感，增加了流动性。

造型 Style

西周晚期的簋多有器盖，将器盖倒过来可作盘用。颂簋的器盖顶部有圆形提手，器身与器盖以子母口相合，器腹略微下垂，圈足外撇，下有兽足形。

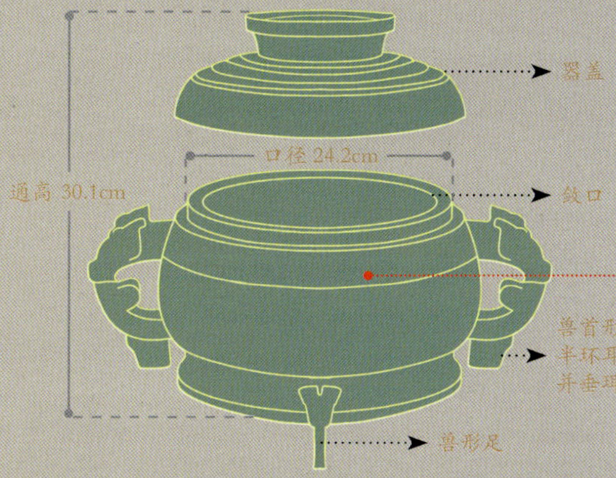

颂簋的腹内和盖内都铸有铭文，内容相同。

形制 Form

早期的簋无器耳，西周时期的簋出现四耳、四足、三足等各种形式，部分簋有器盖。

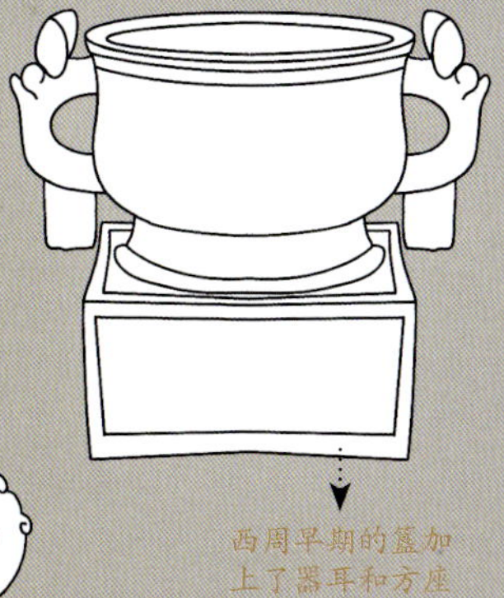

西周早期，簋在原有圈足的基础上加铸方座、三足或四足，因而其高度普遍增加。

伯矩鬲

● 背七头牛，守护京土三千年。

西周早期 青铜礼器
首都博物馆藏
第三批禁止出国（境）展览文物

伯矩鬲，1975年出土于北京房山琉璃河镇251号燕国墓。鬲是炊器，主要用于煮谷物和小型动物的肉。拥有袋足是鬲的主要特征，其有扩大受热面积的作用。鬲与鼎渊源颇深，二者的根本区别在于器足是否是空心的。商代晚期以后，鬲的纹样越来越精美，其实用性逐渐减弱，鬲在更多情况下用作礼器。伯矩鬲，因作器者名为伯矩而得名，整器以牛首纹为主要装饰，主题突出，纹样精美。器盖内及颈部内壁铸有相同的铭文，盖内4行，颈部内5行，均为15字。伯矩鬲的铭文有着商代的特点，反映了西周燕文化对商文化的吸收。

纹样 Patterns

伯矩鬲的纹样繁缛而精致，兼具平雕、高浮雕和圆雕等多种形式。整器以牛首纹为主要装饰，共饰有7个风格各异的牛首纹，十分精美。

对牛纹

器盖顶部的两个牛首纹呈牛角相对的形态，正好填充整个器盖。

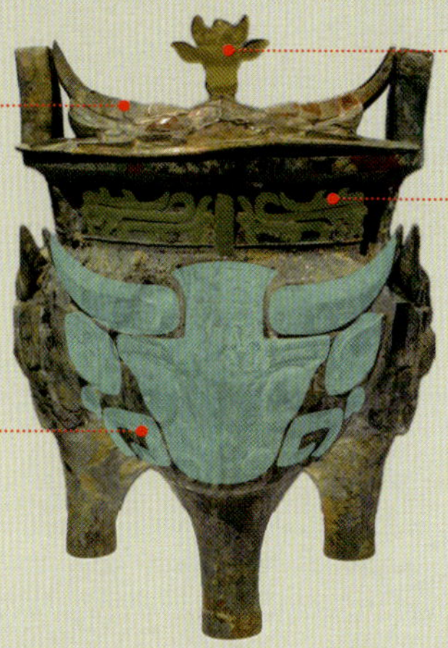

牛首纹

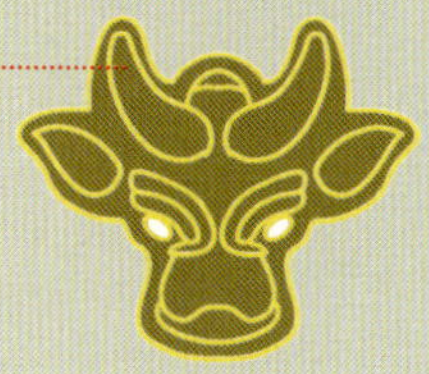

盖钮由两个相背而立的圆雕式小牛头组成，牛角上翘，双耳竖立，眼部微隆，非常写实。

浮雕牛首纹

器腹上的牛首纹中，牛口大张，口中有獠牙，牛耳和牛角均凸出于器表，立体感十足。

夔龙纹

颈部饰有一周平雕的夔龙纹，以短扉棱为间隔。夔龙纹线条简单，龙身细长，在众多的牛首纹之中并不跳脱，反而具有一定的装饰性。

造型 Style

青铜鬲源于陶鬲，多为侈口，鼓腹，三袋足。青铜鬲在商代早期无耳，在商代晚期多为直耳，在西周时期多为附耳。按照裆部的形制，青铜鬲可分为分裆鬲和联裆鬲两种。

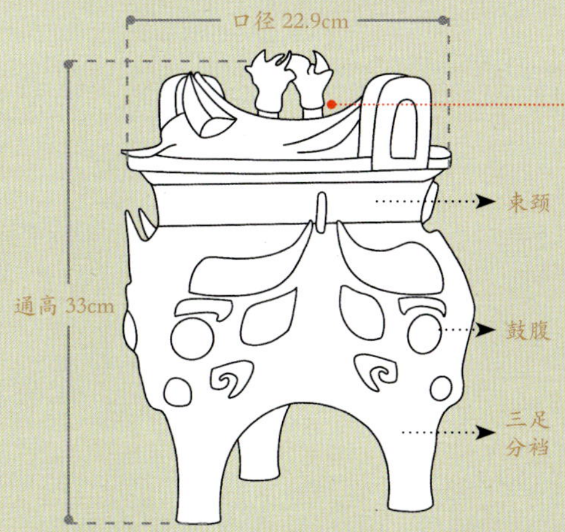

器盖上的两个牛首纹呈对称形态

伯矩鬲口沿外折，方唇，上有立耳、束颈，三足分裆而立，器上有一青铜盖。带有青铜盖的青铜鬲，在已出土的文物中比较罕见。

铭文 Inscription

器内铭文记载了伯矩受燕侯赏赐，作器纪念并祭祀父亲之事。伯矩是燕国的“行人之官”，负责迎接周王使者等外交礼仪活动。

颈部内铭文

伯矩鬲盖内及颈部内铭文相同，都为15字。

兽面纹鹿耳四足青铜甗

- 凭借出色的身高，成为甗中之王。

商代时期 青铜炊器
江西省博物馆藏

兽面纹鹿耳四足青铜甗，1989年出土于江西新干县大洋洲商墓。甗是用于蒸煮的炊器，上为甑，下为鬲，最初为陶制，商代早期出现了铜甗，商代晚期的甗多为甑鬲合铸。此甗硕大，鬲有四足，稳定性极佳，器上饰有兽面纹，装饰精美。除耳上立鹿外，整器一次浑铸成型。

纹样 Patterns

甑的两个立耳上方分别铸有一雄一雌两只幼鹿。甑与鬲的表面均饰有兽面纹，甑腹下部，未饰纹样，让整体奇特诡秘的装饰多了一丝简朴，也使纹样分布更加和谐。

龙首兽面纹

甑腹上部饰4组环柱角龙首兽面纹。双圆目凸出，减弱了纹样的平铺感。

牛首兽面纹

鬲足袋面饰牛首兽面纹，牛角、牛眼、牛嘴采用了浮雕技法雕刻而成，牛面与鬲足上的底纹融为一体，浮雕重点突出，展现出了牛首的特点。

回首立鹿纹

甑的两个立耳上各有一鹿，鹿角短小，尾巴上翘，身饰鳞纹。两只鹿回首相向，增添了器物的灵动感。

功能 Function

甗由上部甑和下部鬲组成，二者之间隔一层有孔的铜片，称为箅，其可以用于蒸煮食物。甗可用作礼器，与鼎、簋、豆、壶、盘等组成成套随葬品。

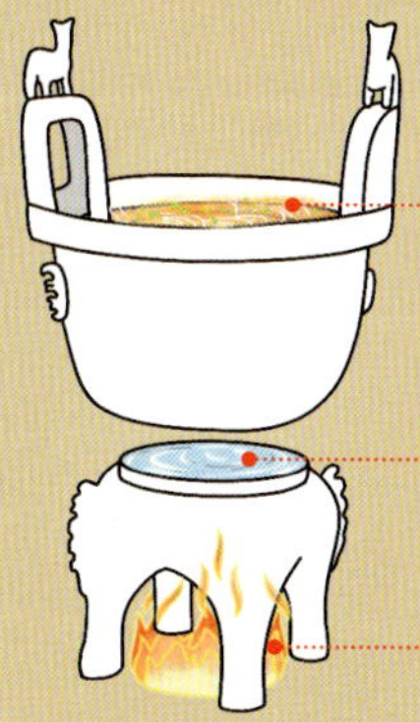

甑内置食物，甑底穿孔，利于蒸气通过。

鬲中盛水，一部分水在加热过程中转化为蒸气。鬲中也可以放食物煮熟。

高足间可烧火，给水加热。

可同时蒸煮3种不同的食物

妇好三联甗的鬲为长方体，上置3个甑，这仅是特例。

造型 Style

与常见的三足造型相异，兽面纹鹿耳四足青铜甗采用了四足造型，这增强了其稳定性和实用性。

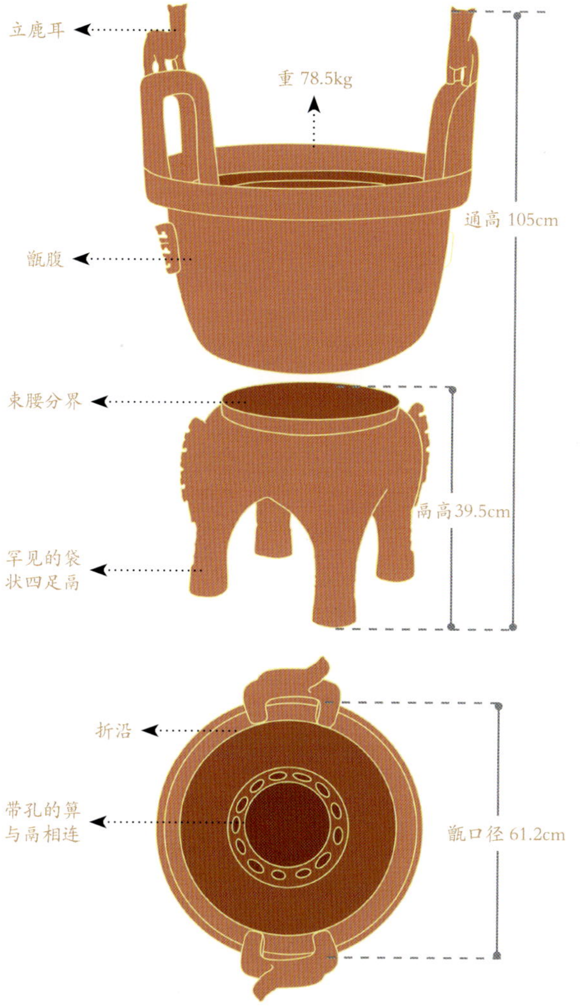

曾伯克父铜盨

● 幽幽铜蓝，展曾国之华章。

春秋早期 青铜食器
湖北省博物馆藏

曾伯克父铜盨共两件，属于曾伯克父青铜组器。据学者推测，曾伯克父青铜组器可能出自湖北随枣走廊一带的曾国墓葬，于2019年从日本追索回国。盨用于盛放饭食，存世时间较短，器型不多见。曾伯克父铜盨造型较为圆润流畅，器上饰窃曲纹、瓦纹等，增加了线条感，弱化了厚重感。蓝色的器身较为罕见。曾伯克父青铜组器补充和印证了曾国高等级墓葬的考古发现，为研究曾国宗法世系、礼乐制度提供了重要的实物资料。

造型 Style

盨的造型与簋类似，但器身更偏椭圆。盨盛行于西周晚期，在春秋时期已比较罕见。盨大多为椭圆口，有盖，两耳，圈足或四足。

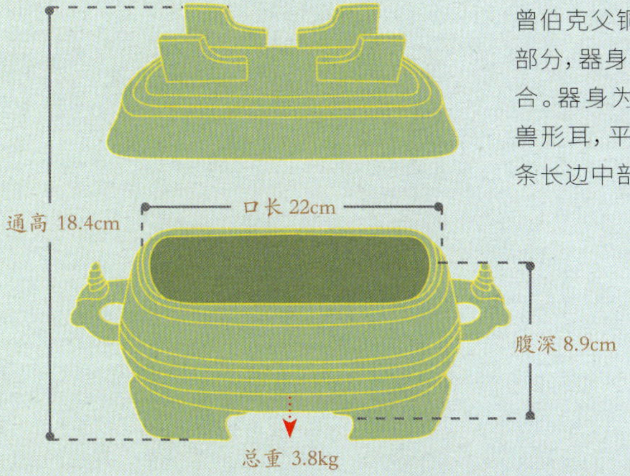

曾伯克父铜盨有器身、器盖两部分，器身与器盖以子母口扣合。器身为敛口，鼓腹，有两兽形耳，平底微凸。圈足的两条长边中部各有一凹形缺口。

铭文 Inscription

器盖与内壁相对而铭32字。内容指出作器者为曾伯克父，“曾”为国名，“伯”为排行，“克父”为字，“甘娄”为其名。

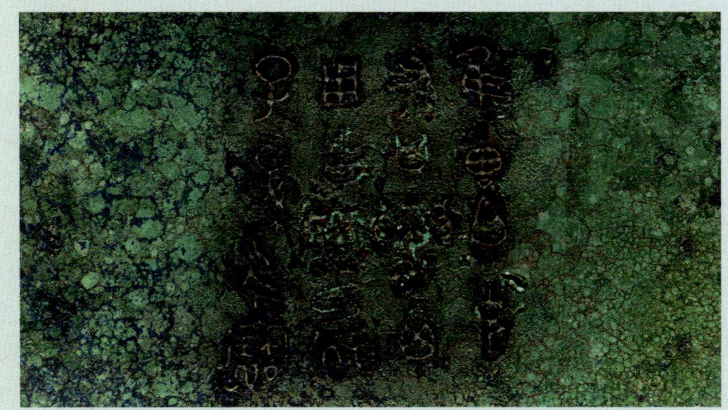

铭文为“唯曾伯克父甘娄乃用作旅盨，子孙永宝”，字形圆润，笔触较宽，同器身一起铸造而成，内陷的笔画由字模翻制而成，表明铸范上的笔画是凸起的。

色彩 Color

曾伯克父铜盨有红色、绿色和蓝色3种颜色的锈迹，锈迹层层相叠，连续共生。曾伯克父铜盨上的蓝色锈迹颜色典雅至极，美妙绝伦。

青铜器由于保存状态不同，在空气、水、电解液的作用下，会呈现出不同的锈色。曾伯克父铜盨的蓝色锈迹是明显的“新锈”，是受湖北省随枣走廊一带的地理及埋藏环境影响所形成的。

纹样 Patterns

曾伯克父铜盨器身与器盖上的纹样较为对称，盖顶、口沿及器腹上部饰窃曲纹，盖中部与器腹下部饰瓦纹，盖钮上饰夔龙纹，圈足上饰垂鳞纹。纹样线条感十足，刻画精美。

窃曲纹

器盖顶部有一道夔龙形窃曲纹，从中能清晰看见龙眼、龙鼻，整体显得灵动流畅。

夔龙纹

盖钮正面饰有夔龙纹，龙头、龙鼻、龙尾与盖钮的形状相合，和谐生动。

窃曲纹

窃曲纹占据了器身大部分位置，器盖与器腹的纹样交相呼应，线条圆方兼顾，装饰性极强。

垂鳞纹

垂鳞纹从圈足的边缘至缺口处由大变小，贴合圈足的形状。垂鳞纹的线条较粗，该纹样内圆外方，整体较为厚重，在视觉上增强了圈足的稳固性。

伯公父簠

一日三餐，不仅是为了饱腹，更是对食物的尊重。

宝鸡周原博物院藏
西周晚期　青铜食器

伯公父簠，1977年出土于陕西扶风法门镇云塘村。簠为青铜食器，也被称为“胡”或“瑚”，是周人“轻酒重食”文化的产物。簠的器盖与器身形状相同，棱角突折，口沿平直，口外侈，四壁倾斜，方形圈足带缺口，器盖、器身两侧各饰环耳。伯公父簠是一件标准的簠，器身沉稳，外观庄重。该簠饰有窃曲纹、波曲纹、重环纹、垂鳞纹等，装饰灵动。器内铭文记录了伯公父作此簠的目的和材料，伯公父簠也因作器者而得名。铭文中还出现了4种农作物名称，其为研究古代农业的发展提供了重要的资料。

功能 Function

簠的流行时间与盨相接，簠代替盨作为盛放稻和粱的食器，祭祀时作为礼器用于盛放熟食等供品。西周晚期至战国时期，簠与簋一样，以偶数的形式出现，并与鼎相配作为随葬品。

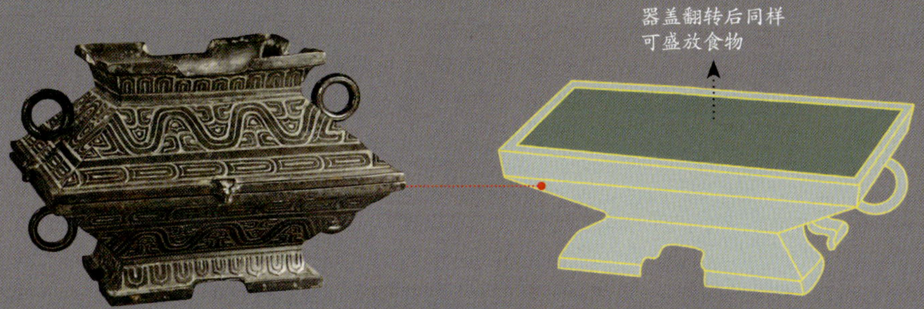

簠的器盖与器身上下对称，二者扣合为一器，分则为两器，分合皆可以使用。

造型 Style

青铜簠出现于西周中期，盛行于西周晚期和春秋时期。早期的青铜簠，口外侈，腹部稍浅。春秋中期以后，圈足变高加大，口部变得垂直，腹部变深，此类簠更具实用性。

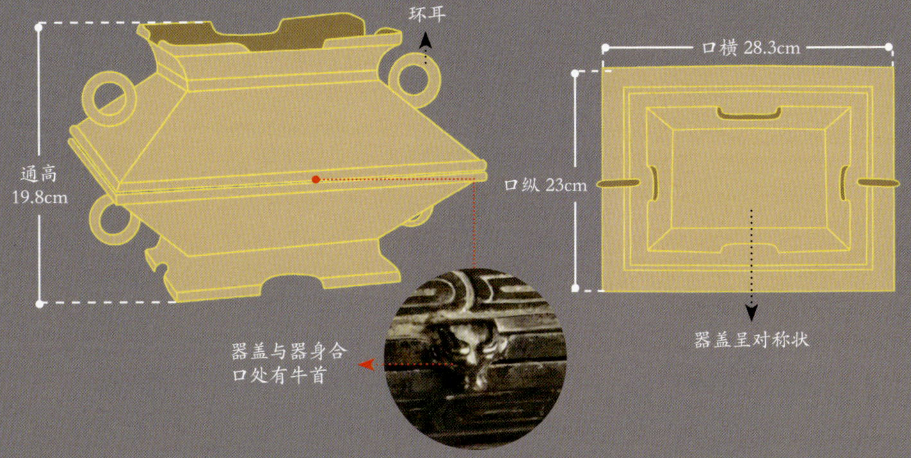

铭文 Inscription

伯公父簠器与盖同铭，共10行61字。铭文记载了伯公父簠的制作原料、功能等。

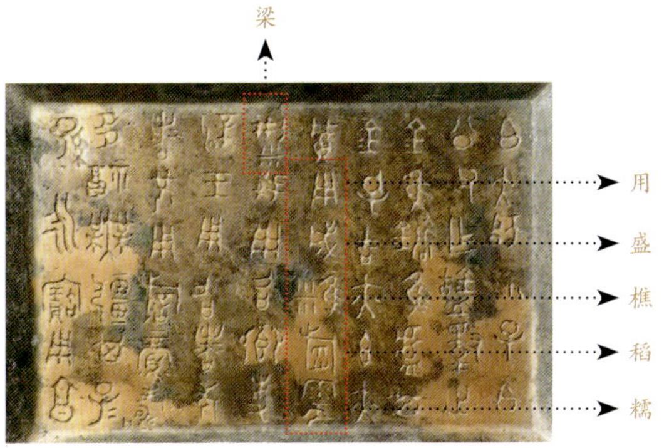

铭文记载了伯公父簠是由伯太师的后代伯公父所制造，并选择了上好的青铜材料。“用盛焦稻糯粱”，说明这件簠器主要用于盛放谷物，如稻、糯、粱等。不仅用于日常饮食，还用于宴请君王、贵族及宗族中的长辈，表达了对长寿、福祉的祈愿。

纹样 Patterns

伯公父簠饰有窃曲纹、波曲纹、重环纹和垂鳞纹等。整体纹样线条流畅，极具动感。

窃曲纹

器盖顶部饰窃曲纹，整体样式较为方正，中部的目纹突出，增加了气势。

波曲纹和重环纹

波曲纹中间饰有眉纹和口纹，与重环纹相呼应，两种纹样一动一静，趣味十足。

何尊

龙形觥

莲鹤方壶

四羊方尊

第二章 酒器

夏商周时期，食物较为稀缺，用谷物酿造的酒更是珍贵，只有贵族可以享用，他们饮酒、盛酒所用的器具也较为考究，并成为礼器的重要组成部分。酒器大体可划分为饮酒器、盛酒器、温酒器和调酒器四大类，包括尊、爵、觚、角、觯、瓿、卣、罍等。商人极其爱酒，出土的酒器中商代的酒器占比较大，殷墟妇好墓出土的青铜器中，有一半以上都是酒器。而周人吸取商人『酗酒亡国』的教训，下令禁酒，同时对青铜酒器做了明确的规定：一升曰爵，二升曰觚，三升曰觯，四升曰角，五升曰散，六升曰壶。此时很多商代酒器种类已逐渐消失。

户方彝

妇好鸮尊

云纹铜禁

● 禁戒饮酒，防酒误国，是我的使命！

春秋时期 青铜礼器
河南博物院藏
首批禁止出国（境）展览文物

云纹铜禁，1978年出土于河南南阳淅川县下寺春秋楚墓。禁，是承置酒器的案具，之所以称之为“禁”，是因为周王吸取商人“酗酒亡国”的教训，以示禁酒之意。云纹铜禁除上方的长方形面，整体由粗细不同的多层铜梗组成，上部攀附12条龙形附兽，形成群龙拱卫的场面；下部12只虎形异兽蹲踞为足，承托器身。整器造型奇特，纹样繁缛。云纹铜禁是目前我国发现最早的失蜡法与焊接技术的实物例证。云纹铜禁作为目前已出土的体量最大、纹样最精美的铜禁，见证了中国第一个禁酒时代，反映了古人治国的智慧。

纹样 Patterns

禁面及四壁饰有镂空云纹，其由粗细不一的铜梗盘绕而成，美轮美奂。禁面中间留一长方形素面，其给繁缛的纹样增添了一丝呼吸感。器身与器底的异兽，让云纹铜禁显得更加神秘大气。

云纹

云纹分为“S”形和“C”形两种形态，由粗细不一的铜梗盘曲而成，或横向、或纵向、或斜行。

虎形异兽纹

底座的虎形异兽首饰高冠，头上的纹样呈卷曲状。虎形异兽如同承担着承禁体之重的任务，使云纹铜禁更显庄严与神圣。

龙形附兽纹

龙形附兽腹鼓尾翘，昂首吐舌，头顶的冠饰与两旁的角饰均为浮雕透孔云纹，增加了龙形附兽的轻盈之感。

造型 Style

云纹铜禁由禁面及禁壁组成，禁壁四周和底座分别饰有12只异兽，这些异兽对称交错分布，表现出云纹铜禁的大气。

商周时期的龙多为“蛇体”，身体像蛇，无趾爪。而春秋时期的龙多呈“兽体”，有三趾爪，细尾而卷，龙口大张，吐舌，头上有角，角呈后卷状。

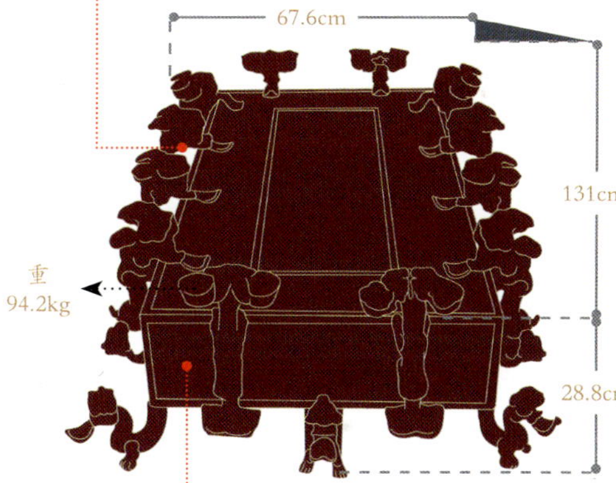

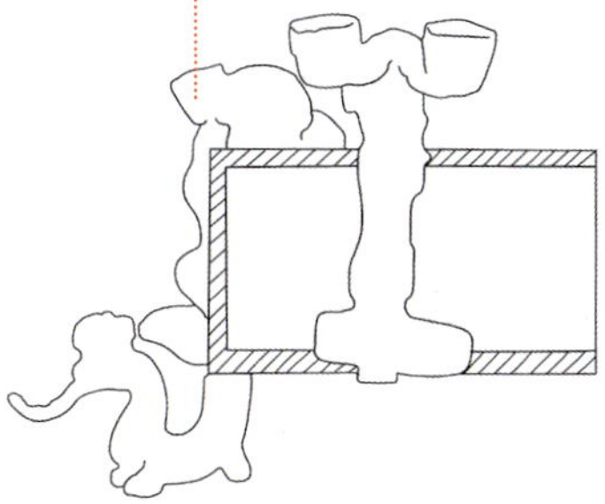

器壁的厚度不足5cm，其却含有多层铜梗。最内侧的梁架起支撑作用，并伸出支梗，这些支梗相互卷曲盘绕却又互不相连。

功能 Function

铜禁出现于西周早期，是周人吸取商人嗜酒无度而亡国的教训而制作的礼器，意为禁戒饮酒。

云纹铜禁主要在祭祀中使用，被当作尊、卣、壶类酒器的器座。它就像禁酒的告示牌，震慑人心，警示人们要遵守礼法。

背景 Background

历时近三年，经过工作者的妙手改造，一堆铜梗、铜渣实现完美蜕变，可谓是一场“爆改”。

初运到修复室时，云纹铜禁碎为十余大块，面板严重变形，12条龙形附兽和12只虎形异兽全部脱离禁体，且大部分残缺不全。没有任何修复案例可以参考，工作者只能逐步摸索，打制合适的工具，对铜渣进行分步整形、逐个补配。经过多道修复工序，工作者最终将云纹铜禁还原。

工艺 Technology

云纹铜禁整体使用失蜡法铸造而成，再采用榫卯拼接的办法，将龙形附兽和虎形异兽与禁体进行连接。云纹铜禁的发现，将中国使用失蜡法铸造工艺的历史提早到了春秋时期。

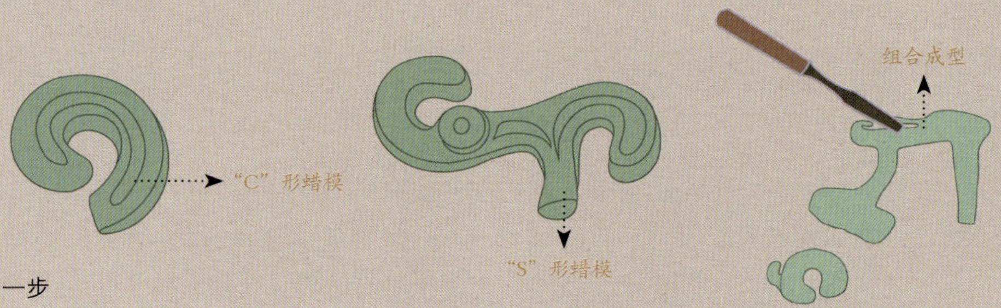

第一步

铸型制模。以易熔化的黄蜡等为材料，将这些材料雕刻成特定形状后制成蜡模，等它们定型后用细泥浆多次浇淋，并涂上耐火材料使之硬化，制成模范。

第二步

对铸件进行烘烤，使黄蜡熔化并流出，整个铸件模型变成中空的。

第三步

浇筑。底座四角及12只虎形异兽的臀部上方均有浇口，往浇口中倒入青铜溶液，待溶液冷却后即可铸成器物。

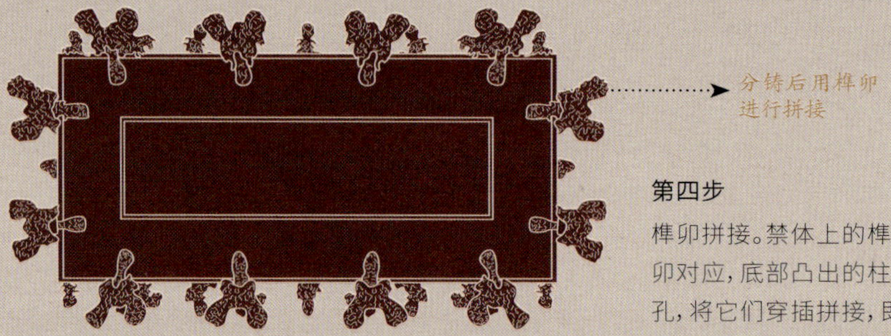

第四步

榫卯拼接。禁体上的榫头与龙形附兽肚子上的卯对应，底部凸出的柱状对应虎形异兽腰部的孔，将它们穿插拼接，即可连接成型。

四羊方尊

可爱与高贵并存，我是美好愿景的象征。

四羊方尊，1938年出土于湖南宁乡黄材镇月山铺转耳仑山。在青铜铭文中，尊常与彝连用作为祭祀礼器的统称，尊一般用来盛酒，后人以金尊指代美酒，这体现了尊与酒的密切关系。四羊方尊是现存商代青铜方尊中最大的，以羊为主体造型，肩部、腹部与足部作为一个整体被巧妙地设计成4只卷角羊，每相邻的两只羊中间有一双角龙首探出器表。羊作为人类最早驯养的动物之一，位列“三牲”，寄托着古人美好的愿景。四羊方尊“崇羊抑龙”的造型设计展现了独特的文化内涵。圆雕与浮雕的结合，平面纹样与立体雕塑关系的处理，让四羊方尊实现了技术与艺术的完美结合。

第三批禁止出国（境）展览文物

中国国家博物馆藏

商代晚期 青铜礼器

纹样
Patterns

四羊方尊通体以细密云雷纹为地，颈部饰有蕉叶夔龙纹与带状饕餮纹，肩上饰4个高浮雕式盘龙纹，羊前身饰长冠鸟纹，圈足底部饰夔龙纹。整个器身的纹样细腻精美，题材丰富多样。

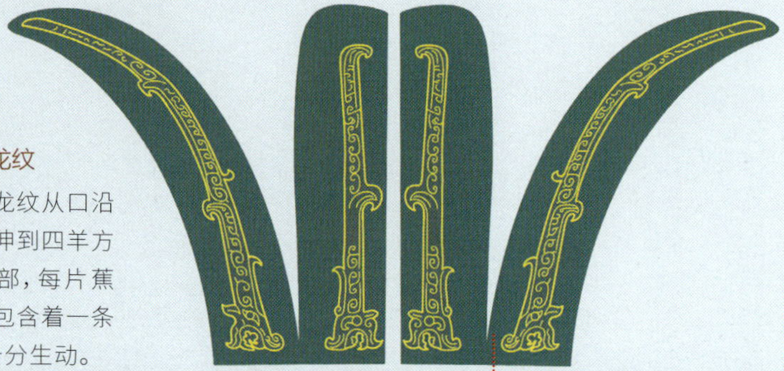

蕉叶夔龙纹

蕉叶夔龙纹从口沿一直延伸到四羊方尊的颈部，每片蕉叶内部包含着一条夔龙，十分生动。

高浮雕式盘龙纹

每个立面各有一双角龙首探出器表，其位于两个相邻羊首之间。4条龙伴随4只羊，雄踞器身之上，增加了整器的气势。

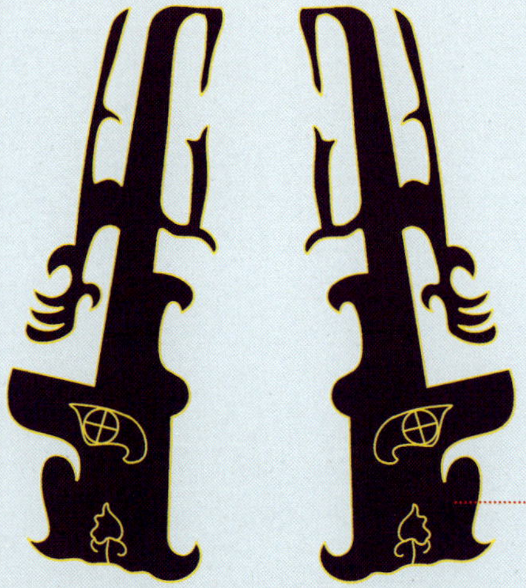

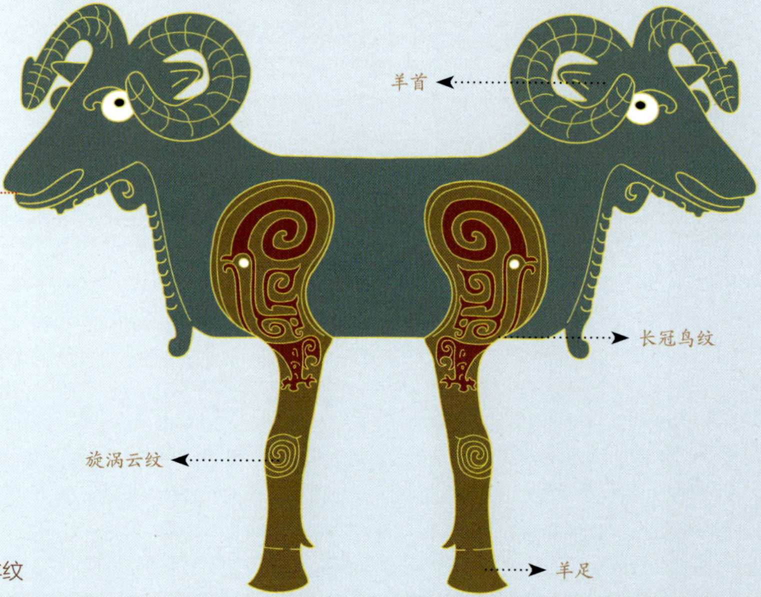

夔龙纹

圈足底部的夔龙纹倒立于羊足之间，与颈部的纹样相互呼应，这体现了纹样的整体性。

云鸟羊纹

羊的前胸、颈部饰有“W”形的条状鳞纹，纹样排列整齐，疏密有致，形如鱼鳞，又称“鱼鳞纹”；羊腿上饰有长冠鸟纹和旋涡云纹，这些纹样将商代的装饰艺术发挥到了极致。

造型 Style

商代晚期至西周早期是青铜尊的铸造盛期，春秋晚期青铜尊较为少见，其基本造型特点是侈口、高颈、圆腹或方腹、高圈足。方尊传世较少，四羊方尊是其中的典型代表。

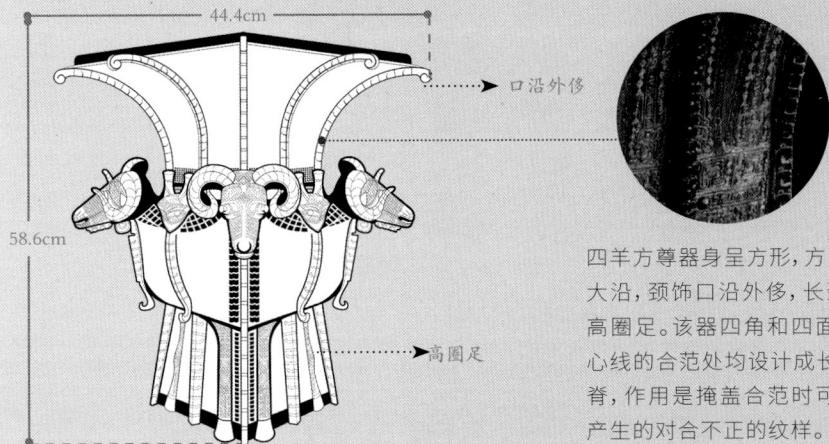

成分 Component

四羊方尊的羊角是由铜锡合金制成的，器身是由铜锡铅合金制成的。采用不同的合金配比，说明羊角和器身是分铸的。在当时，锡为贵重资源，使用高锡青铜，从材料层面肯定了四羊方尊的地位。

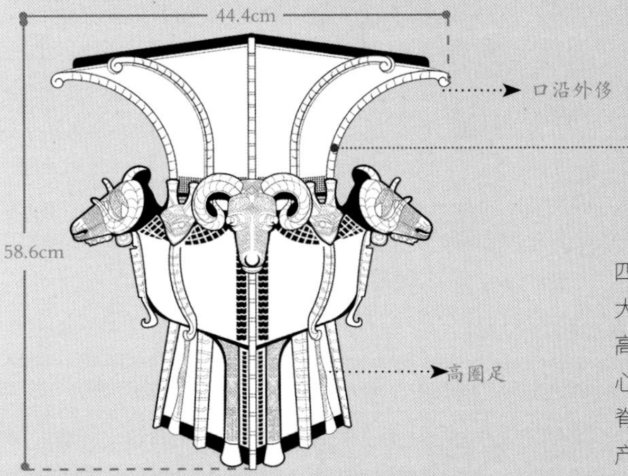

四羊方尊器身呈方形，方口，大沿，颈饰口沿外侈，长颈，高圈足。该器四角和四面中心线的合范处均设计成长棱脊，作用是掩盖合范时可能产生的对合不正的纹样。

青铜的锡含量超过18%时，其会变得又硬又脆，这种高锡青铜一般适合制作兵器、刃具和铜镜等。此外，铅也很重要，工匠在铸造羊角时未加入太多铅，可能是为了让先铸的羊角有较高的熔点，与器身铸接时不至于熔化。

背景 Background

先秦时期，羊被认为是善良知礼的象征，当时有以羊入器的做法。四羊方尊以四羊陪四龙为造型，它们雄踞四面八方，寓意着四时之器祥和通泰，代表了各地区族群间的文化交流，有吉祥、和谐、尊贵之意。

商代晚期 双羊连体

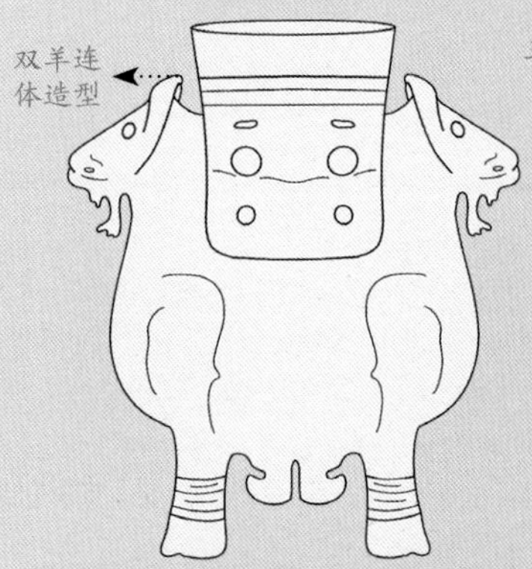

在商代，“羊”和“祥”同义，“吉羊”即“吉祥”。

商代晚期 三羊首

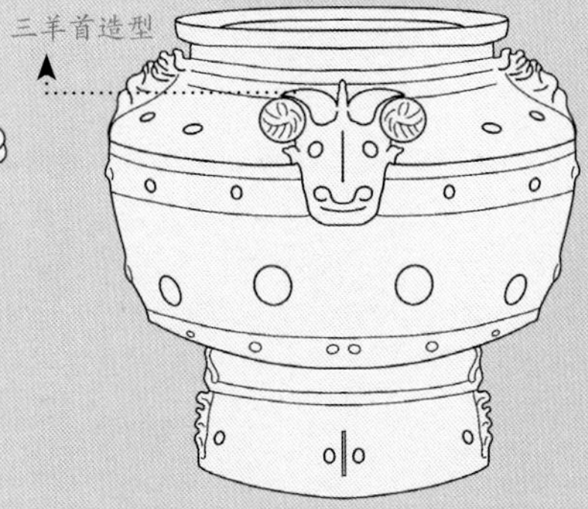

三羊首寓意“三阳(羊)开泰”。

春秋中期 羊首兽身

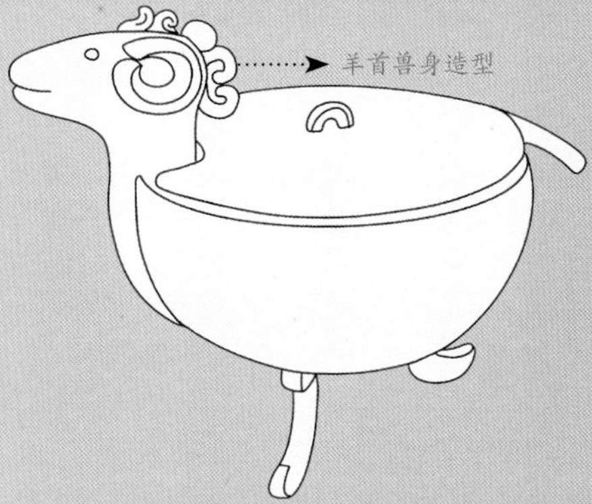

《左传》中有“祭以特羊，殷以少牢”的记载，可见，古人将羊用作“祭祀牺牲”。

西汉时期 卧羊

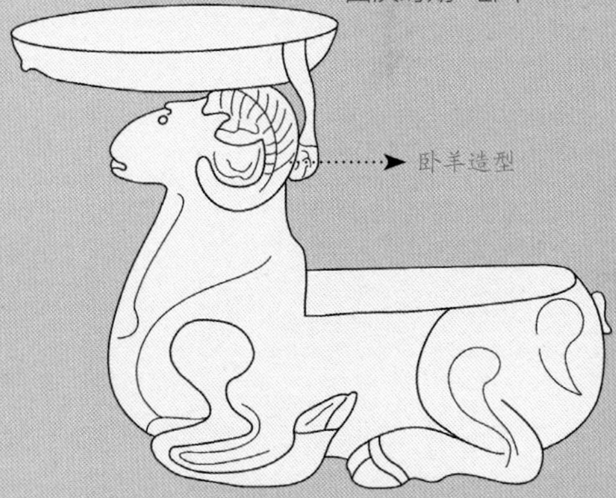

汉代有“金羊载耀，作明以续”的记载。

错金银云纹青铜犀尊

我是祥瑞，西汉的社交活动可不能没有我！

西汉时期 青铜酒器
中国国家博物馆藏

错金银云纹青铜犀尊是西汉时期的酒器，1963年于陕西兴平县西吴乡豆马村出土。此犀牛为苏门犀，在古代一度遍布我国的水沼山林。此犀尊为酒器，其背部有盖，打开后可以注入酒水，口右侧的流管用于斟酒。该犀尊兼顾了盛酒与倒酒功能，这样巧妙的设计颇为少见。从装饰纹样上看，该犀尊通身布满精致的错金银云纹，这些云纹的形式没有规律，富于变化。

纹样 Patterns

犀尊身上布满了汉代典型的错金银云纹，这种云纹不强调写实，而是通过形式无规律的变化带来强烈的律动感。

先以线条勾勒出云纹的形状，再以点状和旋涡状的图形进行点缀，使云纹更饱满，更富于变化。

造型 Style

犀尊的造型写实，身体部分对称，但头部向左微转，打破了对称带来的呆板感。犀牛看起来十分雄健，不仅比例得当，其曲线和轮廓的走向也符合黄金分割定律。

将犀尊头向下稍微倾斜时，酒能从口右侧的管子流出。

犀牛的三瓣蹄趾清晰可见，连脚后跟两个凸起的小趾都很精细。

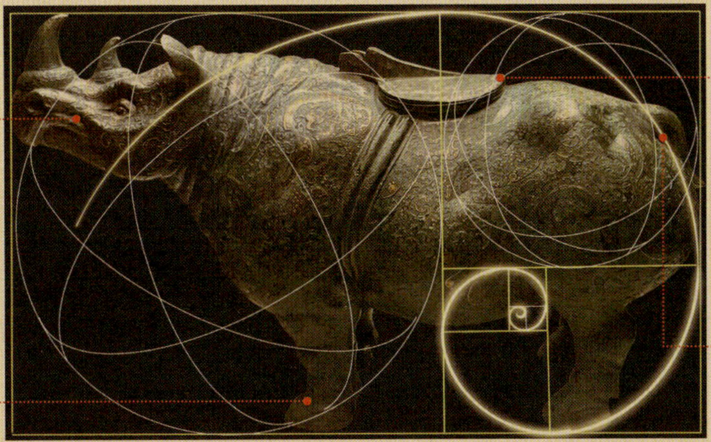

犀尊的整体结构符合黄金分割定律。

犀尊的背上有一个可以开合的盖子。

尾巴类似于把手，以蹄足作为支点，可通过穿入铁棍借助杠杆定律撬动整个犀尊，以配合倒酒的动作。

尺寸 Size

犀尊虽尺寸不大，但看上去气势十足。

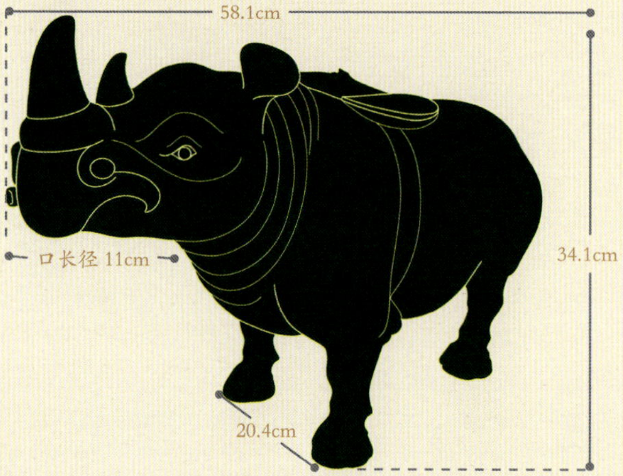

背景 Background

1963年陕西省兴平县西吴乡豆马村农民在村北断崖处取土，挖到距地面约1m时，挖出了一个灰色的瓮，里面除了犀尊外还有24件文物。

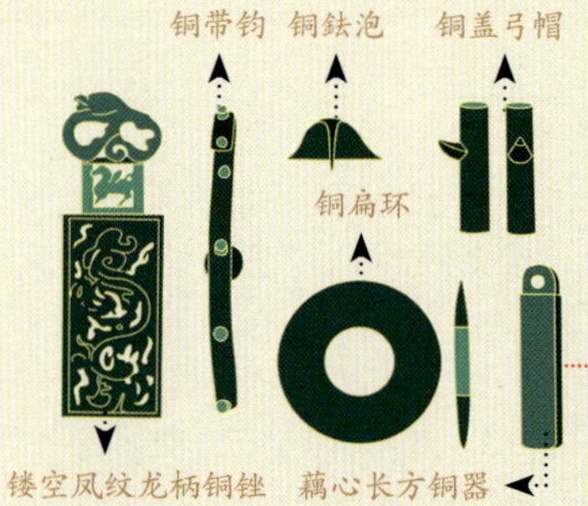

大部分铜器从犀尊腹部中取出，一小部分在瓮的周围找到。通过器物所铸年代可推测，此犀尊应是战乱年代被仓促掩埋的。

工艺 Technology

错金银工艺在春秋中、晚期逐渐兴盛起来，用来装饰青铜器，会给其增添华美之感。此犀尊的面部、顶部、两侧用的是金丝，颈部、腿部、脚部用的是银丝。

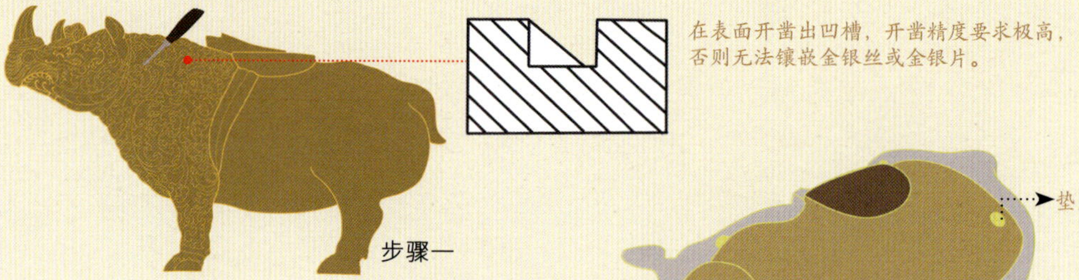

步骤一

先在泥范上预刻好凹槽，然后制造出外范。

步骤二

接着放置范芯和垫片，保证器壁的厚度一致，然后插入流管，进行合范。

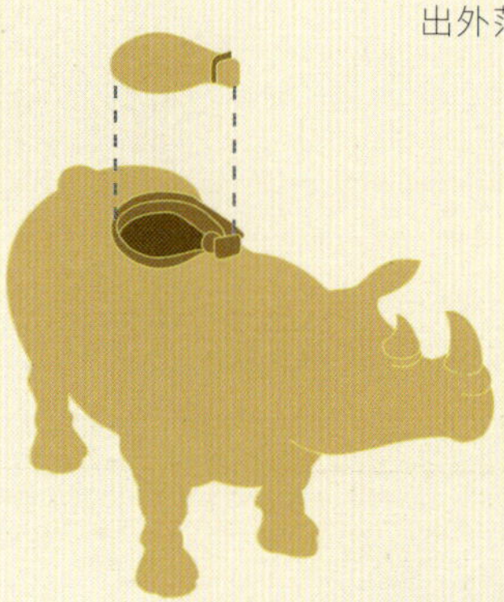

步骤三

浇铸的铜液冷却后，去除外范和范芯，然后组装器盖。

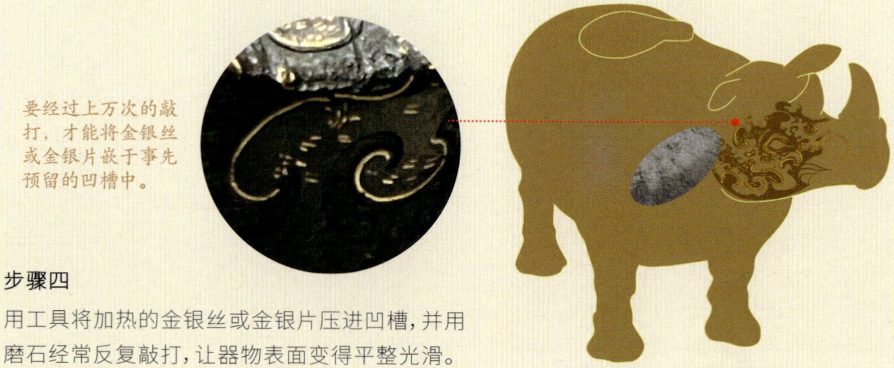

步骤四

用工具将加热的金银丝或金银片压进凹槽，并用磨石经常反复敲打，让器物表面变得平整光滑。

妇好鸮尊

我是战神的象征，见证第一女将的传奇人生。

商代晚期 青铜酒器
中国国家博物馆、河南博物院藏

妇好鸮尊，1976年于河南安阳殷墟妇好墓出土，出土原器为一对，分别收藏于中国国家博物馆、河南博物院。妇好鸮尊呈昂首挺胸的鸮形，拥有小耳高冠，圆眼宽喙。酒器略带夸张地表现动物的写实造型，这在新石器时代有所体现。妇好鸮尊是目前发现的商代最早的鸟类铜尊。鸮是被先民神化的鸟，以鸮形制尊，反映了先民对鸮的崇拜。
妇好鸮尊被发现时处于水下1.3m沉于深水，终重见天日，妇好鸮尊给观者以强烈的艺术感染力。

纹样
Patterns

妇好鸮尊饰有兽面纹、蝉纹、蟋蛇纹、鸮纹等多种纹样，这种将各种怪异的动物纹集于一器的设计，在商代中期达到高峰，体现了商文化的神秘。

分体兽面纹

妇好鸮尊的胸前中部饰有一个分体兽面纹。兽长有一对大角，面部以胸前的扉棱为轴，左右对称。

夔龙纹

妇好鸮尊头上竖立的一对耳羽内各饰有一倒立的夔龙纹，龙有角，向下张开大口，龙身向上拱起，龙尾向内卷。两件原器上的夔龙纹的眼角与爪子有区别。

蟠蛇纹

腹部左右的羽翼饰有蟠蛇纹，卷曲盘绕的一条小蛇位于羽翼前端，后端的卷云纹延伸至背部。

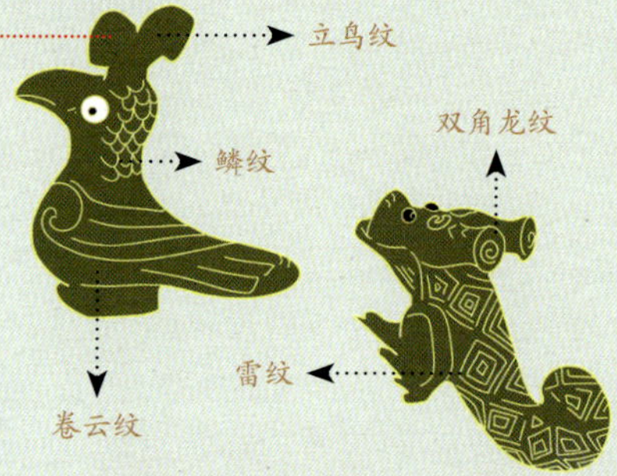

立鸟纹、鳞纹、卷云纹、双角龙纹、雷纹

器盖前端的立鸟拥有尖喙歧冠，颈部饰鳞纹，羽部饰一简洁的卷云纹。鸟后饰一龙，龙拱身卷尾，龙身饰雷纹，增添了气势。

鸮纹

鸮纹集中流行于商代晚期，此尊后背尾部的鸮纹，除鸮面外，附有翅膀和爪子，是一只猫头鹰形象的平面化呈现，生动可爱。两件原器的鸮纹在爪子上略有区别。

鸟兽龙纹

足上端饰浮雕式饕餮纹，下衬3周凹弦纹，仿佛使鼎足更加稳固有力。

造型 Style

妇好鸮尊为一昂首挺胸的站立鸮形，鸮耳小冠高，眼圆喙宽，双翅并拢，下垂的鸮尾在构思上独具匠心，与两足构成3个稳定支撑点，增强了稳定性。

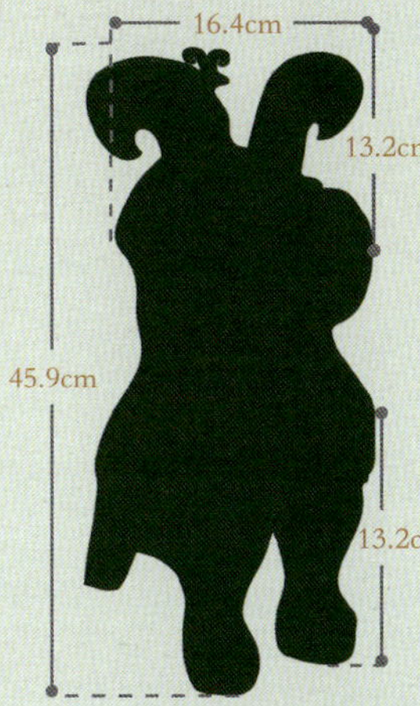

中国国家博物馆

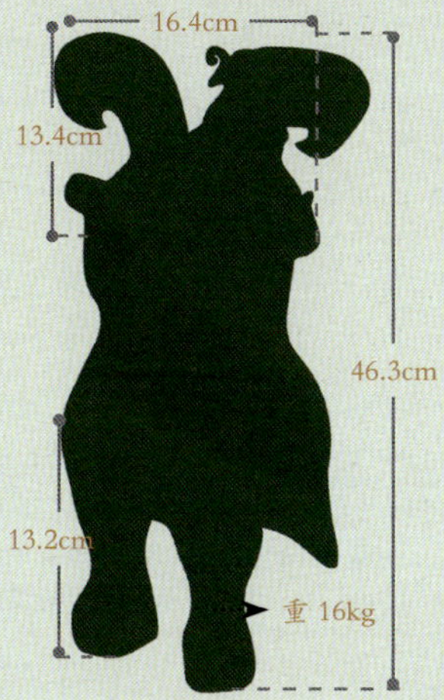

河南博物院

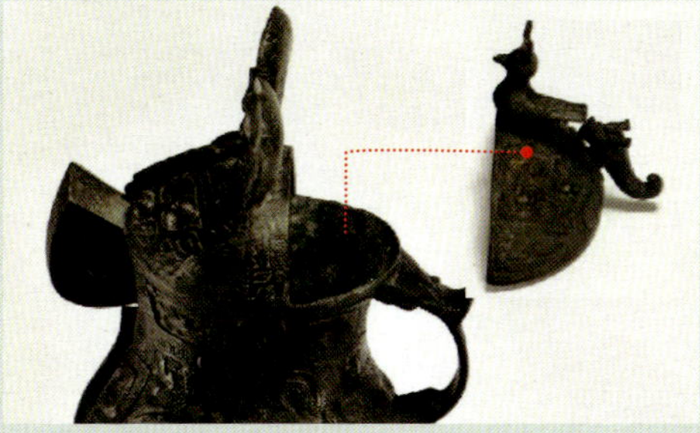

鸮首后部有一半圆形盖，盖面上铸有站立状的鸟，其后有一龙。妇好鸮尊的颈后部有一弯曲变形的鸮充当把手，设计巧妙。

侧面

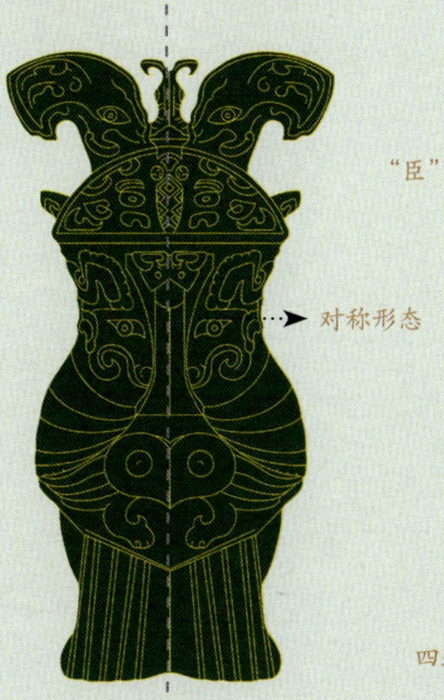

背面

正面

背景 Background

妇好是商王武丁的妻子，她对于商王朝的发展起到了非常重要的促进作用。

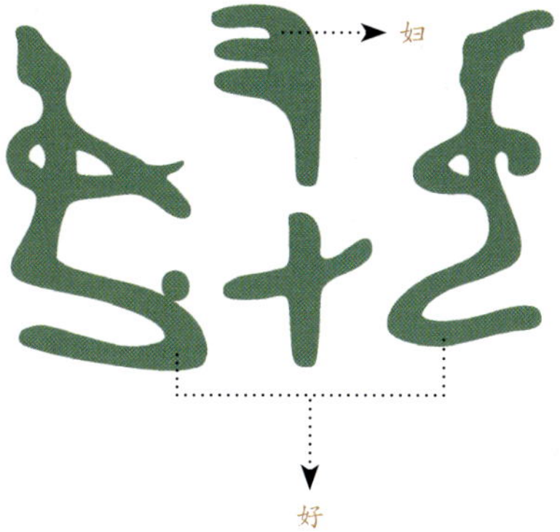

商王为了奖赏妇好大败异族部落而特意为她打造了青铜器，其中就有鸮尊，并且在上面专门刻制了“妇好”二字。

妇好拥有自己独立的嫡系部队3000余人，在那个年代，普通小国的全部兵力也不一定能够达到这样的规模。

妇好参与政治比武则天早约1800年，多次为武丁清除外敌，平息战乱。

每当妇好单独出征并凯旋的时候，武丁总是抑制不住喜悦并出城相迎。

妇好拥有田地和奴隶，她还按照礼仪向武丁呈献贡品，绝不因私废公。

何尊

● 承载灿烂文明，探寻何以称中国。

西周早期 青铜酒器
宝鸡青铜器博物院藏
首批禁止出国（境）展览文物

何尊，1963年出土于陕西宝鸡贾村镇，是西周早期一位名叫何的宗室贵族所作的祭器。整器为圆口方体，有4道大扉棱装饰，造型和纹样都有独到之处，美观大方，主体感极强。尊底铸有122字铭文，其中“宅兹中国”为“中国”一词最早的记载。探寻何以称中国，必然离不开何尊。何尊还是第一件出现“德”字的器物，证明了周王朝以德治国的理念，它的出土对研究和补证西周的历史大有裨益。

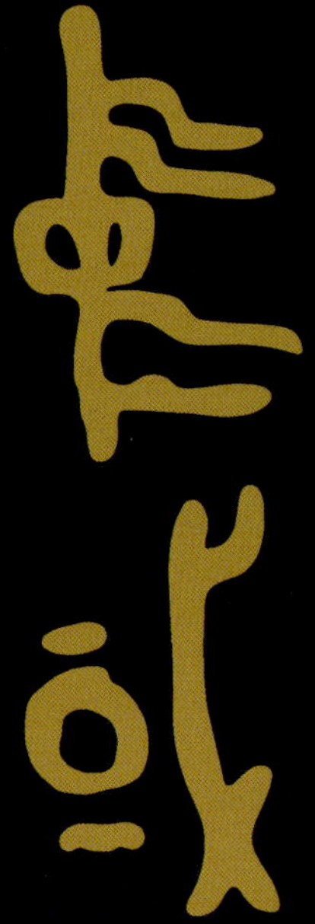

纹样 Patterns

何尊曾被称为“西周饕餮纹尊”，饕餮纹是其主要装饰，颈部饰有蚕纹，口沿下饰有蕉叶纹。整尊以雷纹为底，美观大方。

蕉叶纹

西周早期，蕉叶纹以分体兽面纹和夔龙纹为主。何尊所饰的蕉叶纹包含夔龙纹及旁边的方形目，形态原始，更接近商代晚期的风格 。

牛角形粗眉兽面纹

腹部与圈足的兽面纹整体大同小异。腹部的兽面纹为圆眼珠，上有圆点状瞳孔，眉形较粗。

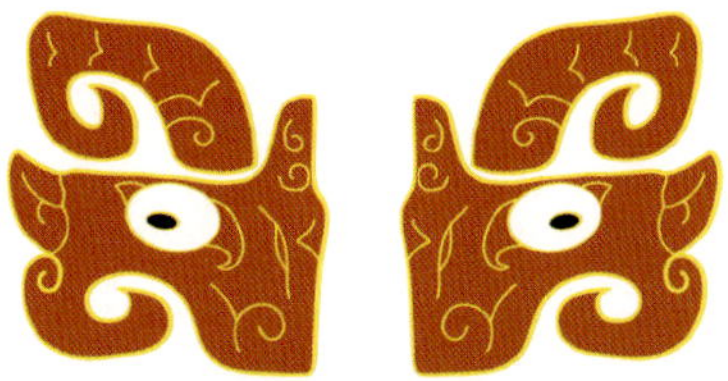

牛角形细眉兽面纹

圈足的兽面纹为椭圆形眼珠，上有短线状瞳孔，与腹部的兽面纹一样，均以阴刻地纹的方式刻画出“臣”字形眼眶。

造型 Style

何尊为筒形三段式觚形尊，大敞口，腹微鼓，高圈足，体侧有4道高高隆起的勾云式扉棱，造型浑厚，工艺精美。

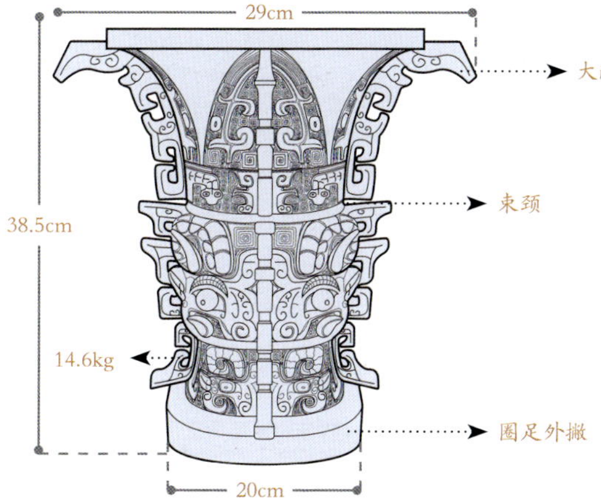

何尊造型的构成元素，可在殷墟工艺传统中找到渊源，但整体而言，却极为罕见。这种混合、复古式的创新是建立在殷墟工艺传统基础上的变革、过渡期间的一种表现。

铭文 Inscription

内底铸铭文12行122字，记述了周成王继承周武王的遗志，在洛邑营建东都之事。何因此作尊，以作纪念。

晋侯鸟尊

我是尊贵的神鸟，被视为祥瑞和天命的象征。

第三批禁止出国（境）展览文物

山西博物院藏

西周时期 青铜酒器

晋侯鸟尊，2000年出土于山西曲沃县北赵村晋侯墓地。历经3000多年时光的洗礼，如今，晋侯鸟尊经历3次修复，涅槃重生，是山西博物院的镇院之宝。凤是象征吉祥的神鸟，周人有“凤鸣岐山”的传说，认为凤鸟是上天降下的祥瑞，对此十分崇拜。该鸟尊便是凤鸟崇拜的物化表现。晋侯鸟尊的整体造型为伫立回眸的高冠凤鸟，盖顶的雏鸟抬头与其相互呼应，尾部为一象首，象鼻向内卷曲，与凤鸟之双腿成三足鼎立之势，稳定而富有美感。尊身饰有羽片纹、羽翎纹等，纹样精美大气。整器气度不凡，庄重华贵。

纹样 Patterns

晋侯鸟尊的背部、颈部、腹部布满了羽片纹，两翼与双腿饰卷云纹。用生动的纹样点缀凤鸟，似在还原凤鸟在云层间穿梭飞翔的样子。

卷云纹

两翼与双腿饰卷云纹，线条卷曲有序，富有动感，使凤鸟似在云中穿梭一般。

羽片纹

凤鸟的颈、腹、背饰羽片纹，模拟凤鸟的羽毛。鸟背上的盖钮设为雏鸟，与凤鸟相呼应。

象纹、羽翎纹

尾部饰象纹，象首部分饰华丽的羽翎纹，以区别于鸟身的羽片纹。鸟与象既完美结合，又各有特色。

造型 Style

凤鸟和象，是西周最为常见的两种造型题材。晋侯鸟尊完美地融合了凤鸟和象的形象，其构思奇特，造型写实而生动，装饰精致豪华，是中国青铜艺术史上罕见的珍品。

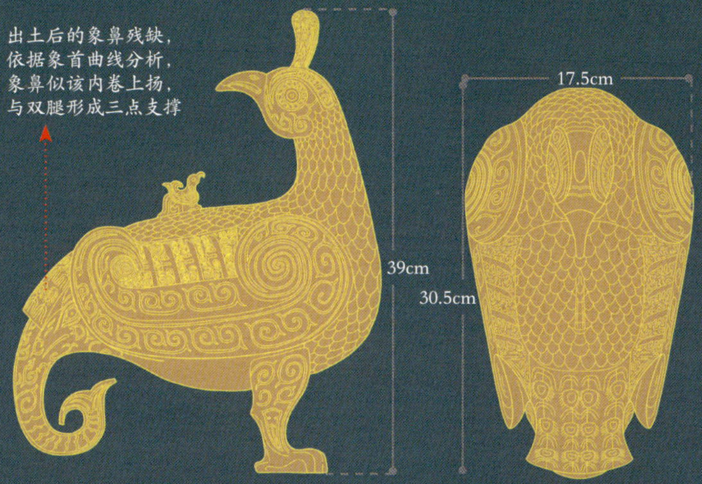

凤鸟背上的雏鸟是器盖上的盖钮，其双腿粗壮，爪尖略蜷。

铭文 Inscription

在器盖内壁以及器腹内底有相同的9字铭文“晋侯作向太室宝尊彝”，其中“向”有朝北之意，“太室”指太庙的主要建筑，由此可推断晋侯鸟尊是晋侯燮父在位时宗庙祭祀所用的礼器。

在《周礼》中，“尊”和“彝”都是祭祀用器，但二者有明确的区分。尊通常用于盛放五齐（五种未经过滤的酒），而彝则用于盛放郁鬯香酒。尊的地位在彝之上，二者相配使用但有别。晋侯鸟尊以凤鸟为整体造型，尾部呈象首形，属于“象形尊”的一种。因此命名为“尊”而非“彝”。

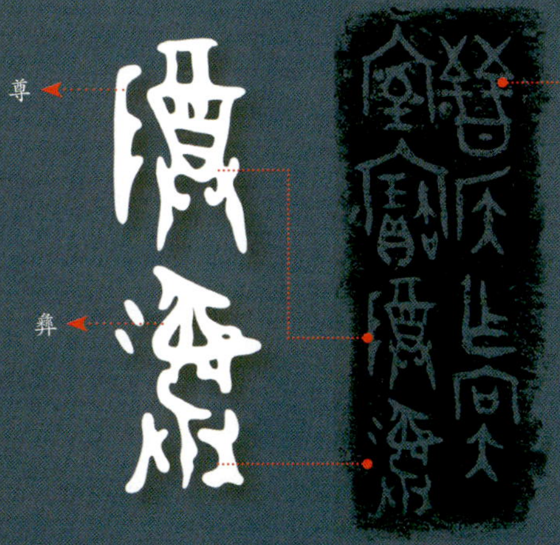

这是最早记载“晋”的铭文，自燮父将唐国改名为“晋”，他便成为第一位晋侯。

“妇好”青铜偶方彝

● 贵族的酒局，需看我这真正的殿堂级酒器。

商代晚期 青铜酒器
中国国家博物馆藏

“妇好”青铜偶方彝，1976年于河南安阳殷墟妇好墓出土。该方彝器身横长两倍于纵长，犹如两个方彝的组合，被郭沫若先生称为“偶方彝”。该方彝设计有趣，器盖似商代宫殿的屋顶，器身长边两侧各有7个凹槽用于放置酒斗，装饰豪华大方，通体以云雷纹为地，以浮雕技法表现了鸱鸮、夔龙、大象等动物形象。器底刻“妇好”二字。“妇好”青铜偶方彝作为商代大型盛酒器，气势磅礴，威武雄壮，迄今未见与之相同的造型，其在青铜器中独树一帜。

纹样
Patterns

“妇好”青铜偶方彝的器身两面正中的牺首两侧饰小鸟纹，两长边腹中部各饰一个大兽面纹，短边的浮雕象头两侧各有一鸮纹。纹样丰富多样，神秘华丽。

鸮面纹

器盖两面正中各饰一鸮纹，鸮眼突出，炯炯有神，表现了祭祀的庄严肃穆，展现了商代对鸟类图腾的崇拜。

小鸟纹

器颈左右各有三个小鸟纹，造型同器盖上的大鸟纹，但小鸟更加灵巧，似在一起向上托起器盖，增加了器体的轻盈感。

鸟纹、夔龙纹

器盖上有一对硕大的鸟纹，鸟作站立状，钩喙圆眼，短翅长尾，鸟头均朝向鸮面纹，鸟的周围点缀着小的夔龙纹和鸟纹，大小纹样交错，丰富了器盖的元素。

龙凤纹

腹部两端饰有龙凤纹，但锈蚀严重。龙嘴尖尾卷，凤位于龙尾之上，两者背对而饰，相辅相成。

蟠蛇纹

圈足正面两侧饰独体蟠蛇纹，蟠蛇上面是商代常见的云纹，整体线条方正锐利，蛇头朝下，有冲入地面之势。

象首鸟纹

器颈两侧各铸一个象首，大耳、长鼻、长牙，圆雕象首的两侧各有一鸟纹，鸟和象首相依，显得灵动别致。

造型 Style

“妇好”青铜偶方彝器型特异，口部、腹部、足部、盖截面皆呈长方形，方正大气。折肩鼓腹，腹两侧有对称的附耳。整体似微缩的宫殿，庄重典雅。

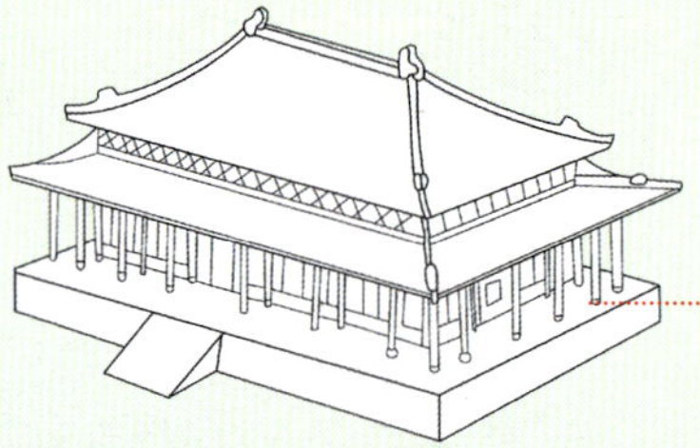

器盖近似四阿式屋顶，其为高等级建筑屋顶。对殷墟宫殿进行复原时，便参考了此造型。

长边一侧有7个方形槽，另一侧有7个尖形槽，这些凹槽排列规整，宛如屋檐。

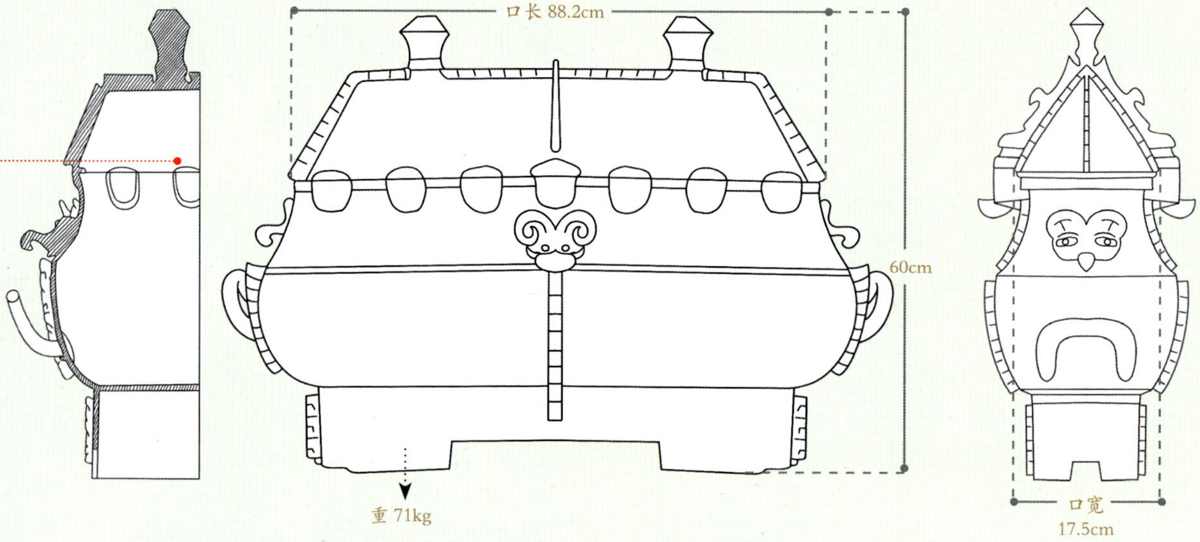

形制 Form

方彝流行于商代中期至西周早期，为长方体器身，圈足，有盖，有直腹、曲腹两类。方彝在商代晚期大多为直壁，在西周早期多为弧线状四壁。而“妇好”青铜偶方彝的器壁为弧线状，此方彝为曲腹式方彝，器腹鼓出，带盖，直口，还有少见的缺口圈足。

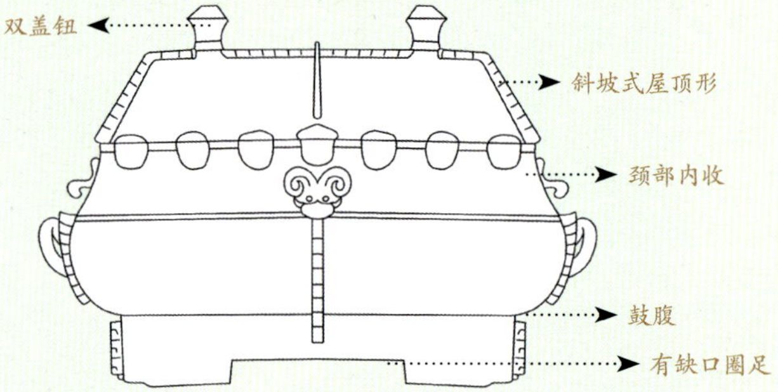

曲腹式方彝

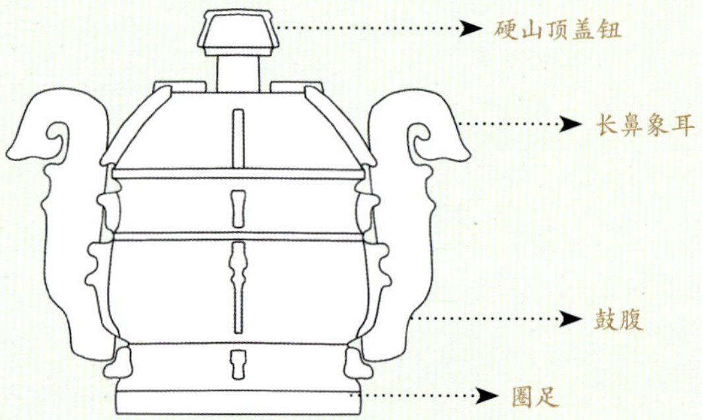

带耳曲腹式方彝

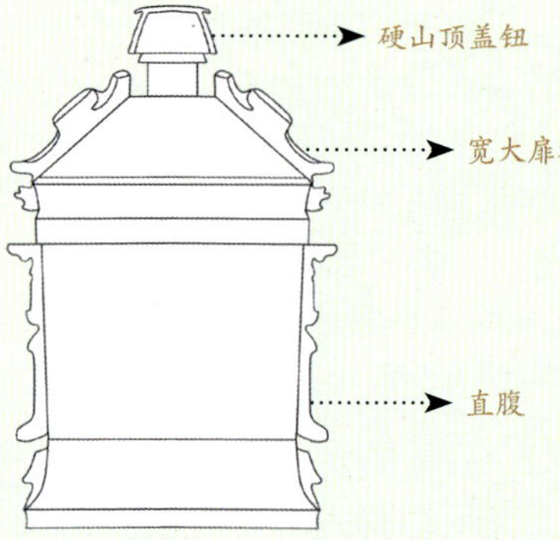

直腹式方彝

户方彝

● 拥有来自大“户”人家的底气，我不怒自威。

西周早期 青铜酒器
宝鸡市渭滨区博物馆藏

户方彝，2012年出土于陕西宝鸡石鼓山商周墓地三号墓，重35.55千克，是目前发现的商周方彝中最大的一件。因此方彝内部刻有“户”字，它被认为是当时的户氏家族所拥有，故而得名“户方彝”。此方彝整体呈长方形，上有庑殿顶式盖。通体装饰各种兽面纹、夔龙纹，边角及中线饰镂雕扉棱，颈部四面正中伸出带角圆雕兽首。整器造型高大凝重，奢华富丽。这种造型夸张的方彝，显示出不可言喻的震撼力，是关中西部极具地方特色的器型，只有高级贵族才能拥有。户方彝对当时宫殿和宗庙建筑形制的仿制具有参考意义，让我们有幸一窥3000多年前建筑的大致风采。

纹样 Patterns

户方彝的器身和器盖均装饰大面积的兽面纹，以夔龙纹附其边缘，并以精细的云雷纹衬底，装饰主题突出。

变形兽面纹

器盖主纹为一变形兽面纹，并进行了分解式处理，与腹部正面的兽面纹上下呼应，使户方彝更显神秘庄重。

三角兽面纹

器盖侧面为三角形，饰有三角兽面纹，顺形而饰，装饰自然。

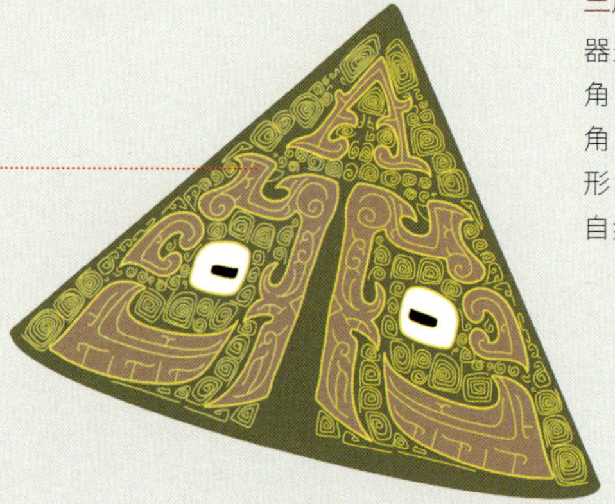

象鼻夔龙纹

腹部上端的象鼻夔龙纹中，象鼻明显卷曲，龙口微张，整体形象较为端庄沉稳。

蛇尾夔龙纹

腹部下端饰有蛇尾夔龙纹，龙身细长，龙口张大，整体形象活泼俏皮。

虎首形兽面纹

腹部主体饰虎首形兽面纹，其与器盖的纹样相呼应，二者均以扉棱为轴对称分布，面中空隙以云雷纹为地，以增加气势。

多齿冠状夔龙纹

颈部四面正中的带角圆雕兽首，圆目弯眉，双角饰多齿冠状夔龙纹，似一双挥舞的手，趣味十足。

尺寸 Size

户方彝是目前所见最高的方彝，打破了以往规整的器物形态的桎梏，极具个性和张力。

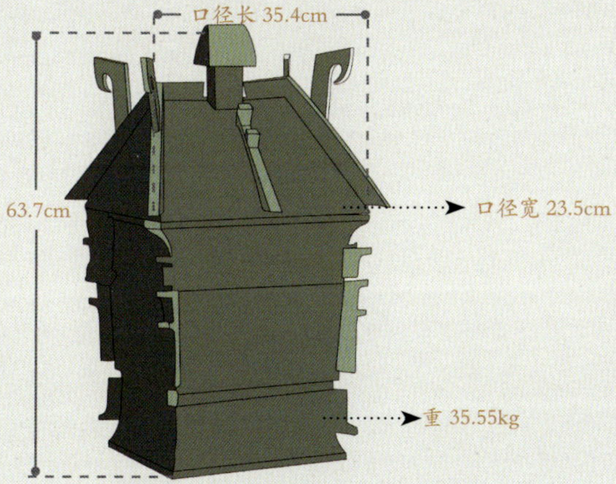

背景 Background

历经千年，户方彝的器身仍保留着尚未被锈蚀的金色表面，透过残存的金色表面，我们似乎可以一瞥户方彝的辉煌灿烂，体验神圣严肃的祭祀场面。

汉代以前的文献多称青铜为“金”，而古人之所以把青铜器称作“吉金”，就是因为用这些珍贵的青铜铸造出来的器物会发出金色的光芒，看上去非常吉祥。

造型 Style

户方彝为侈口宽平沿，直腹，平底，圈足外撇，盖顶中部有梯形盖钮。自盖面至圈足，饰有8条宽厚的扉棱，盖顶四角的扉棱高耸，折角出戟。

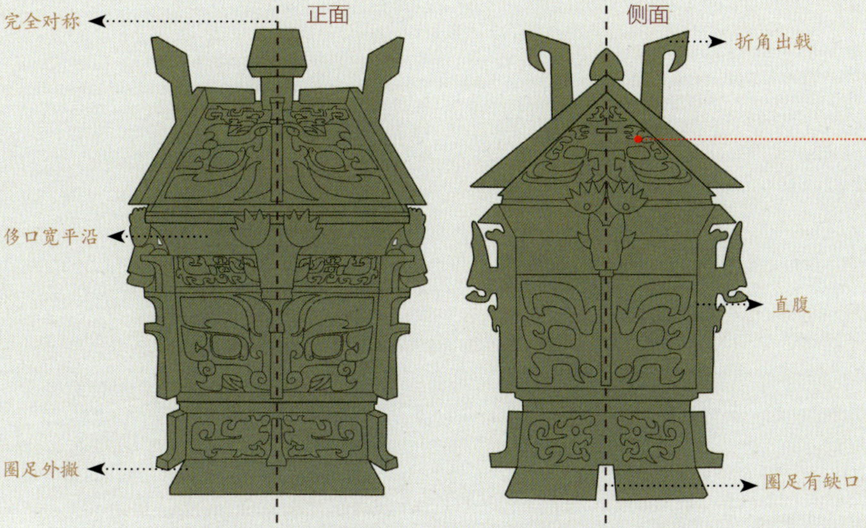

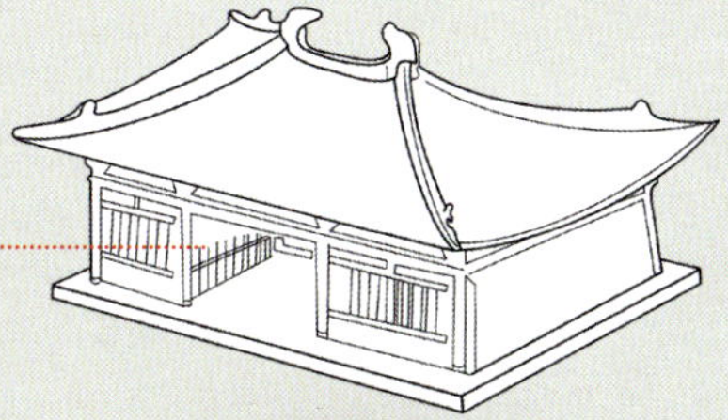

盖顶为庑殿式，仿宗庙造型而制，进一步突显了祭祀文化的内涵。

这种盖上有高耸扉棱和折角出戟的方彝，目前仅在宝鸡地区发现，具有鲜明的地域特色。四个折角如同为盖顶增添了四耳，使造型更加生动活泼。

象首耳卷体夔纹铜罍

集象与龙于一身，效仿周人传统，问『罍』中原。

西周早期 青铜酒器

四川博物院藏

罍是大型盛酒器和礼器，流行于商代晚期至西周中期，略小于彝。象首耳卷体夔纹铜罍于1980年在四川彭县（今四川省彭州市）竹瓦街的青铜器窖藏中发现。该窖藏出土的罍往往成对，大小、形制、纹样大体相似，可视为列罍。与中原地区的列鼎类似，列罍也是身份地位的象征。此罍直口方唇，双耳圈足，自颈部至圈足以扉棱将器体分为4组相同的纹样，每组纹样分上、中、下3段，布局对称，构成瑰丽繁缛的图案，颇为生动。此罍精湛的制作工艺，受到了日本、美国、法国等国家观者的赞许。罍作为巴蜀地区青铜器中数量最多、使用时间最长、纹样最繁缛的一种，是古蜀文明与中原文明融合的重要见证。

纹样 Patterns

该罍通体以雷纹为地，盖上饰四鸟形扉棱，双耳饰长鼻象首纹，双耳中间饰象首纹，肩中部饰蟠龙纹和夔龙纹。整器纹样精致，图案繁缛绚烂。

蟠龙纹和夔龙纹

肩中部饰有由3条龙组成的图案。中间为一盘绕卷曲的蟠龙纹，两边为纤细的夔龙纹，三龙成行，富有动感。

长鼻象首纹

象首构成罍的双耳，内卷的象鼻跟随耳饰一起往高处延伸，颇有向上的动感。

象首纹

象首位于双耳中间，两个象首的角略有区别，但都以立体圆雕的形式附着于器身之上；象耳宽大，象鼻修长上卷，雕刻技艺精湛，造型生动活泼。

伏牛纹

圈足处饰有对称的伏牛纹，牛憨态可掬，伏于器足，仿佛在默默支撑着整器。

涡龙纹

器腹的涡龙纹面积较大，几乎布满整个下腹，方正之中不乏圆润，充盈中透露空间感。

造型 Style

该罍主体突出，布局对称，有盔形盖，直口，双耳采用动物造型，饰象首纹。圆腹圈足，使该罍显得端庄沉稳。

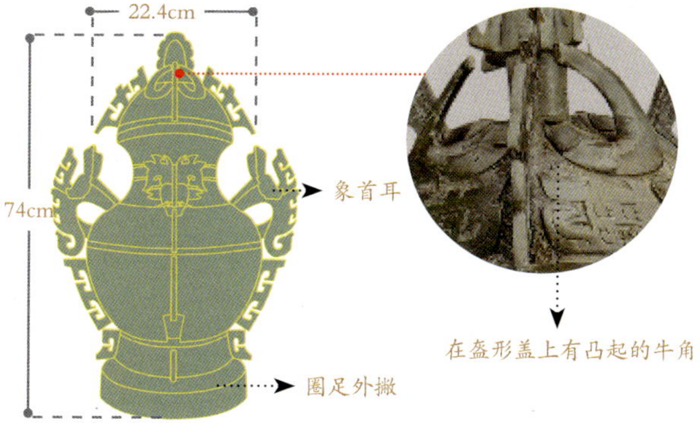

文化 Culture

早期巴蜀地区的青铜罍的造型与纹样都受中原风格的影响，较多使用兽面纹，但纹样的排列组合和器物形制与中原有一定的差异。

湖北省博物馆藏　四川省博物院藏

兽面纹是西周的代表性纹样，大多繁缛夸张，而此罍的象首纹、伏牛纹更为写实，与之风格相近的青铜罍在湖北随州也有出土，但其纹样更为轻盈。这两种罍既有共性，也保持个性，体现了中原、巴蜀、荆楚的文化交流与融合。

『皿而全』皿方罍

历经沧桑岁月，我们终会在一起。

湖南博物院藏

商代晚期 青铜酒器

“皿而全”皿方罍（以下简称“皿方罍”），1919年在湖南桃源出土，因器盖铭文“皿而全作父己尊彝”而得名。全器以云雷纹为地，上饰兽面纹、龙纹、对鸟纹。四面边角及各面中心均装饰突起的长条钩戟形扉棱。整器装饰风格源于商代的宫殿和宗庙建筑，该罍是青铜器鼎盛时期的代表之作，反映了中国青铜器高超的铸造技艺和摄人心魄的气势，被誉为“方罍之王”。皿方罍出土后，其器盖和器身曾分离近百年，终在2014年实现合体。

纹样 Patterns

整器通体以细密的云雷纹为地，浮雕式牛角饕餮纹、鸟首龙身纹与侧像龙纹凸起于器表之上，同时阴刻线纹，此种装饰风格即“三层花”。综合使用阴刻、浮雕与圆雕3种表现形式，可产生层次丰富的视觉效果。

兽形衔环纹

肩部两侧饰有一对兽形衔环纹，兽角向内弯折，兽趴附于环之上，慵懒而不失庄重。

牛角饕餮纹

盖钮是器盖的迷你版，四面饰有牛角饕餮纹，圆眼凸出，有首无身。该纹样与器盖上的纹样相互呼应，刻画细致。

兽面纹、对鸟纹

器盖的4个坡面各有一兽面纹，纹样倒置，以夔龙纹、云雷纹填补空隙，顶部饰对鸟纹，整体形象与腹部纹样相似，充满气势。

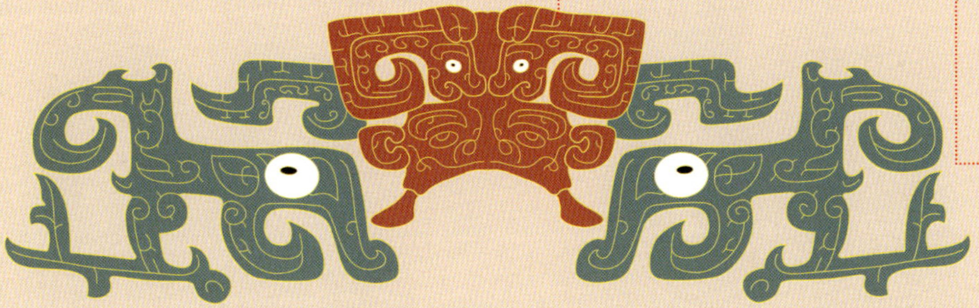

侧像龙纹

肩部装饰4组侧像龙纹，龙角呈曲折状，这4组侧像龙纹中相对的两组以圆雕牺首为对称中心，另外两组以兽形衔环纹为对称中心。

内卷角兽面纹

腹部纹样以扉棱为对称中心，饰有内卷角兽面纹，眼大，口部向下突出，呈三角尖状，额间有菱形纹，造型夸张。

造型 Style

皿方罍由器身与器盖两部分组成，器盖与盖钮形制相同，呈庑殿顶形；器身为长方口，直颈，圈足较高，整器雄伟傲然，造型精美。

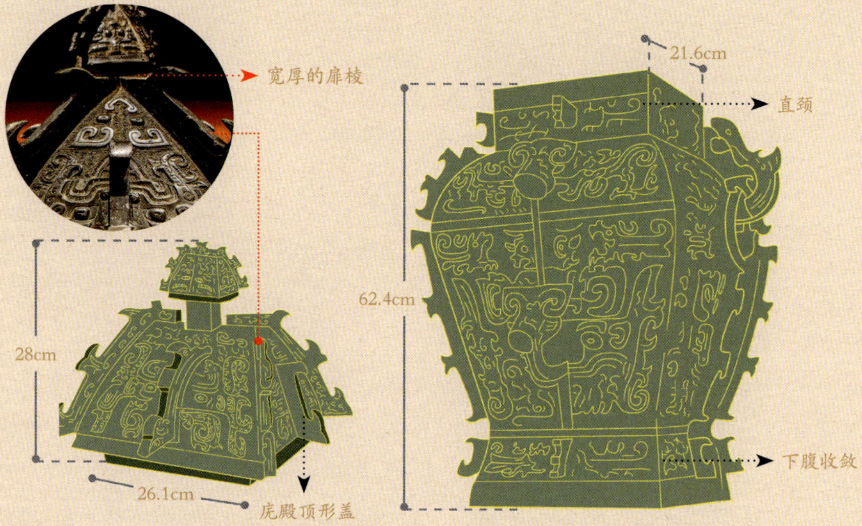

铭文 Inscription

整器共两处铭文：器盖铸有“皿而全作父己尊彝”，共8字；器身铸有“皿作父己尊彝”，共6字。

皿方彝是高级贵族皿氏族人为祭祀父辈先人而铸造的青铜重器，体现了古人对宗室血脉的重视。

背景 Background

皿方罍于乱世之中重见天日，之后其器盖与器身却分离近百年。2014年，器身回国，与器盖合体。

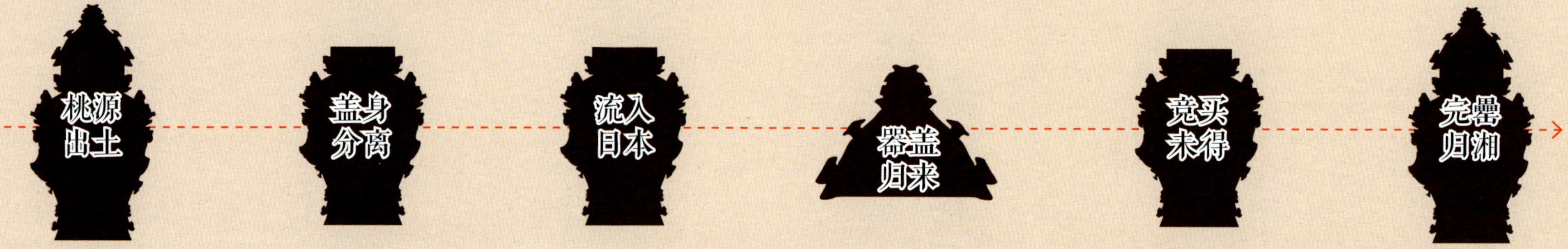

1919年，皿方罍在湖南省桃源县由农民艾清宴挖得。

1924年，古董商石瑜璋买下器身。器盖被艾清宴交至学校以抵销他儿子的学费。自此，皿方罍的盖身分离。

1930—1950年，器身由日本收藏家浅野梅吉收藏。

1956年，器盖被移交至湖南省博物馆（今湖南博物院）。

2001年，美国佳士得拍卖公司拍卖器身，由法国买家以924万美元购入。

2014年，器身再次被拍卖。通过官方洽购，器身与器盖于6月28日在湖南合体，永久收藏于湖南博物院。

莲鹤方壶

● 踌躇满志，睥睨一切。

春秋时期 青铜酒器
故宫博物院、河南博物院藏

莲鹤方壶是一对盛酒或盛水的器皿，1923年在河南新郑李家楼郑公大墓中出土，其中一件收藏在故宫博物院，另一件收藏在河南博物院。莲鹤方壶的造型独特，主体部分采用了西周晚期流行的方壶造型，重心位于下腹部，有壶盖、双龙耳和圈足。壶身上的纹样繁多，神龙和怪虎的形态各具特色。最引人注目的，无疑是壶盖周围饰有的双层莲瓣，而在莲瓣的中央矗立着一只白鹤。这只白鹤形态完美，栩栩如生，呈展翅飞翔状，仿佛在诉说着古代人们对美好生活的向往和追求，以及对未来的希望和憧憬。

工艺 Technology

莲鹤方壶中的白鹤、双龙耳与器身主体采用分铸焊接法铸造，即先将主体与其附件分开铸造，再将它们浇铸成一体。

白鹤铸在一块平板上，可单独取下。

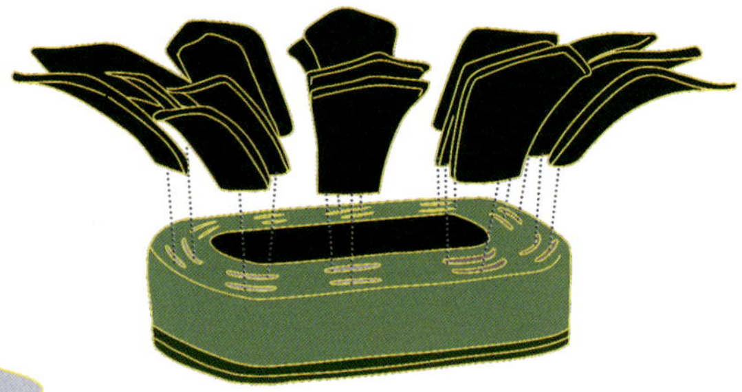

10组双层莲瓣预铸后再与器盖的主体范拼合浇铸。

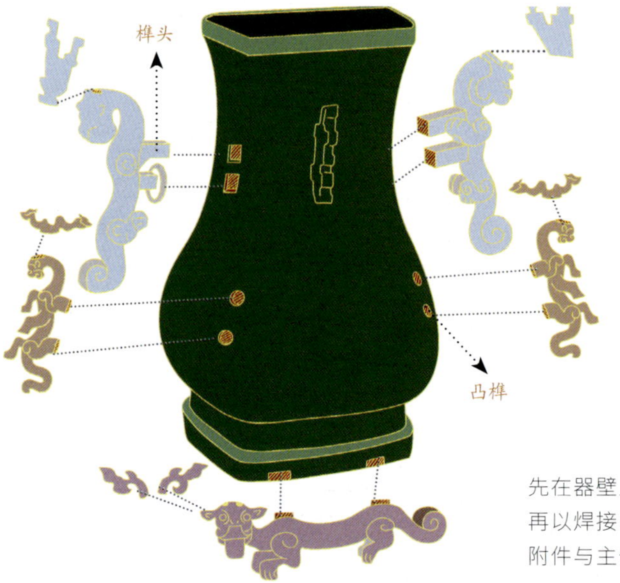

先在器壁上预铸凸榫，然后再以焊接的方式，将所有的附件与主体合在一起。

造型 Style

莲鹤方壶的造型巧异精妙，修颈斜肩，腹垂鼓，两壶仅在高度上有细微差别。

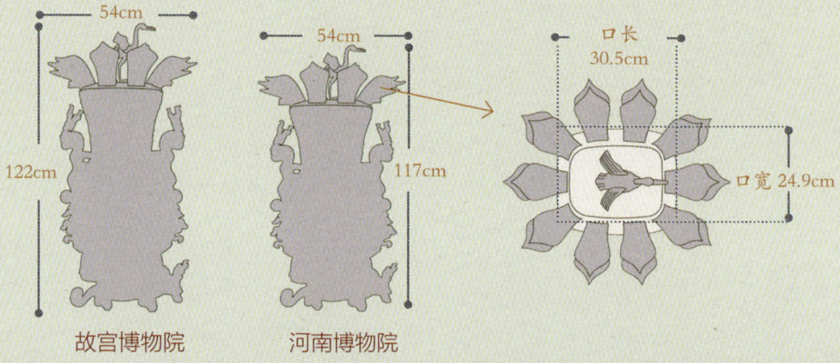

形制 Form

商代的壶多为扁圆形，有贯耳、提梁；西周的壶多为圆形，大腹，有盖，西周晚期出现了方壶；春秋时期的方壶多见垂腹、长颈、圈足等形制。而莲鹤方壶就是典型的春秋时期的方壶。

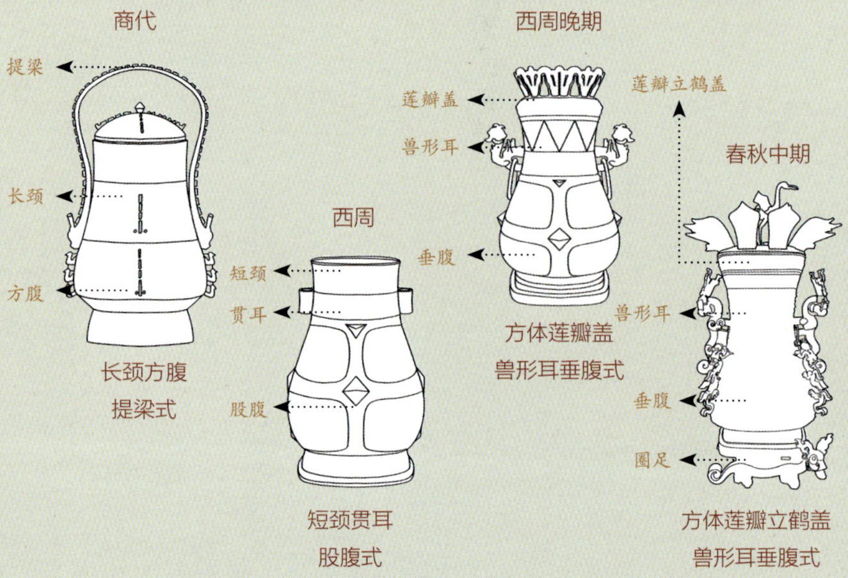

纹样 Patterns

莲鹤方壶的四面以蟠龙纹作为主体纹样，纹样上下相连，四面延展，壶盖则饰莲鹤纹。

龙纹

回首的龙构成壶的双耳，呈攀附的动势，与壶身的蟠龙相互应和。

翼龙纹

四角饰翼龙纹，兽角翻卷，角端如花朵形，造型可爱。

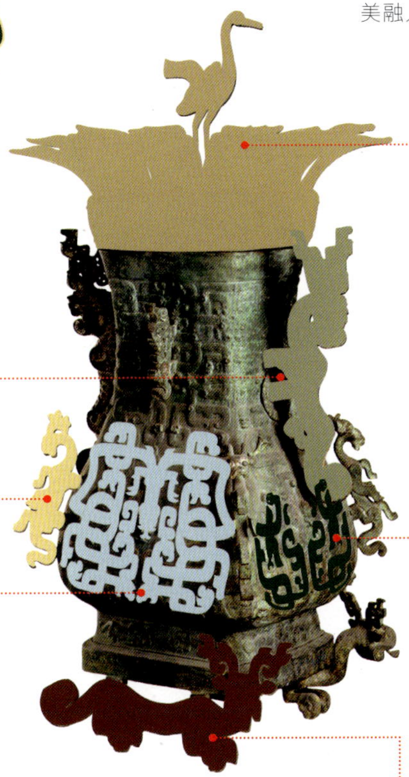

莲鹤纹

莲鹤纹是郑国先民把对自然的审美融入青铜造型的新尝试。

蟠龙鸟兽纹

腹部的蟠龙仿佛正缓缓向上移动，有的是以鸟兽合体的形式来表现的。

蟠龙纹、蟠凤纹、蟠蛇纹

壶身的纹样为浅浮雕，并且以阴线刻镂的蟠龙纹、蟠凤纹、蟠蛇纹布满壶身。

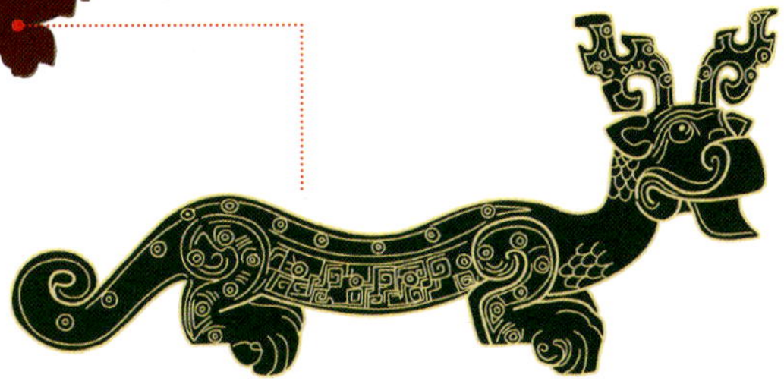

龙形卷尾兽纹

圈足上有两个龙形卷尾兽纹，其身饰鳞纹，弓身卷尾，将头转向外侧，吐舌，仿佛支撑着壶体。

宴乐渔猎攻战纹图壶

● 我是战国时期的相册，记录人们绚烂多彩的生活。

战国时期 青铜酒器
故宫博物院藏

宴乐渔猎攻战纹图壶纹样丰富多样，以双铺首环耳为中心，前后中线为界，分为两部分，形成完全对称的相同画面。壶身自上而下描绘了采桑、宴享、乐舞、狩猎、攻战等场景，再现了战国时期贵族的生活，作器者以极其丰富的想象力，在有限的画面中准确地抓住了每一个瞬间的特色，刻画生动写实。宴乐渔猎攻战纹图壶一改之前以动植物纹样为主的惯例，突出人的存在，表明世俗生活开始得到更多的关注。

纹样 Patterns

花纹自口下至圈足被5条斜角云纹带划分为4个区，其以前后中线为界，形成完全对称的相同画面。

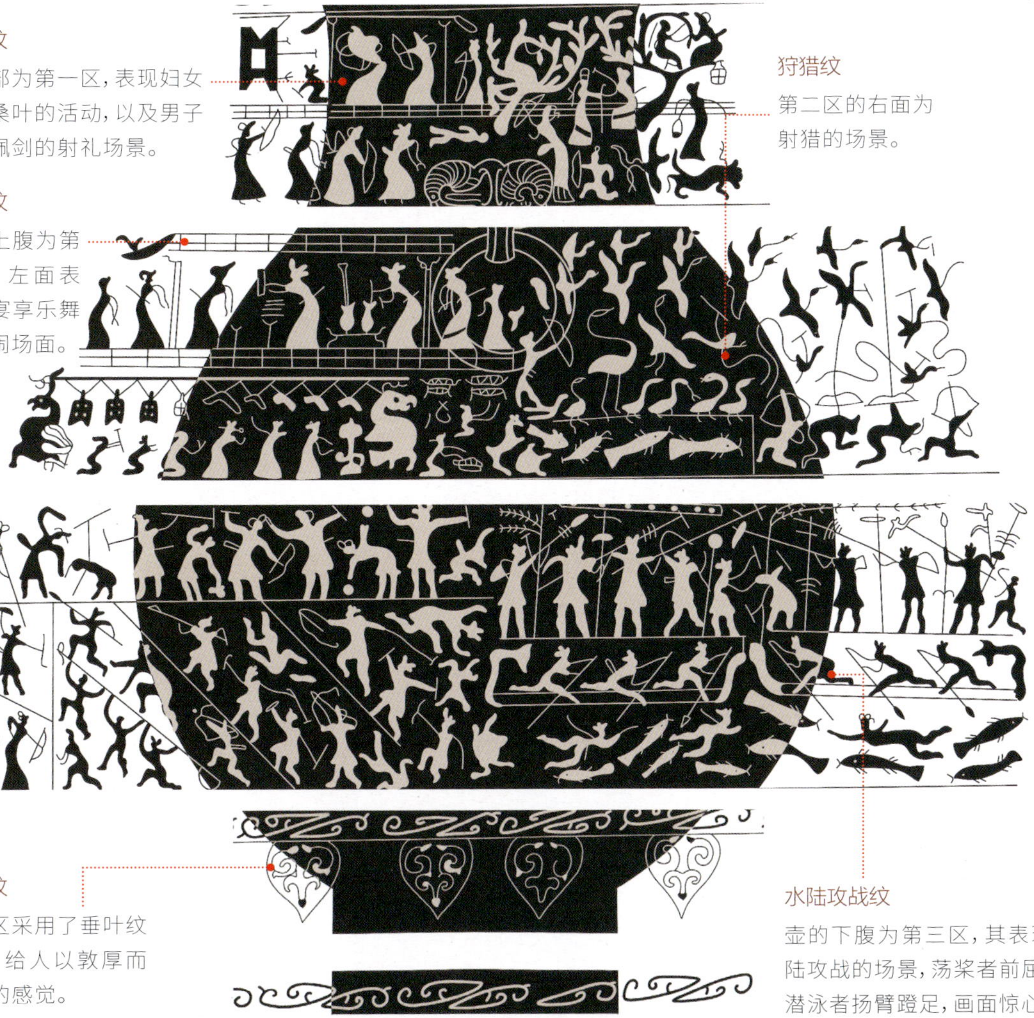

射礼纹

壶颈部为第一区，表现妇女采摘桑叶的活动，以及男子束装佩剑的射礼场景。

狩猎纹

第二区的右面为射猎的场景。

乐舞纹

壶的上腹为第二区，左面表现了宴享乐舞的热闹场面。

垂叶纹

第四区采用了垂叶纹装饰，给人以敦厚而稳重的感觉。

水陆攻战纹

壶的下腹为第三区，其表现了水陆攻战的场景，荡桨者前屈后翘，潜泳者扬臂蹬足，画面惊心动魄。

造型 Style

宴乐渔猎攻战纹图的壶造型流畅，有着浅浮雕的立体效果，纹样繁密，壶口稍外侈，壶肩两侧缀有双铺首衔环耳，这种壶的造型风格也延续到了汉代。

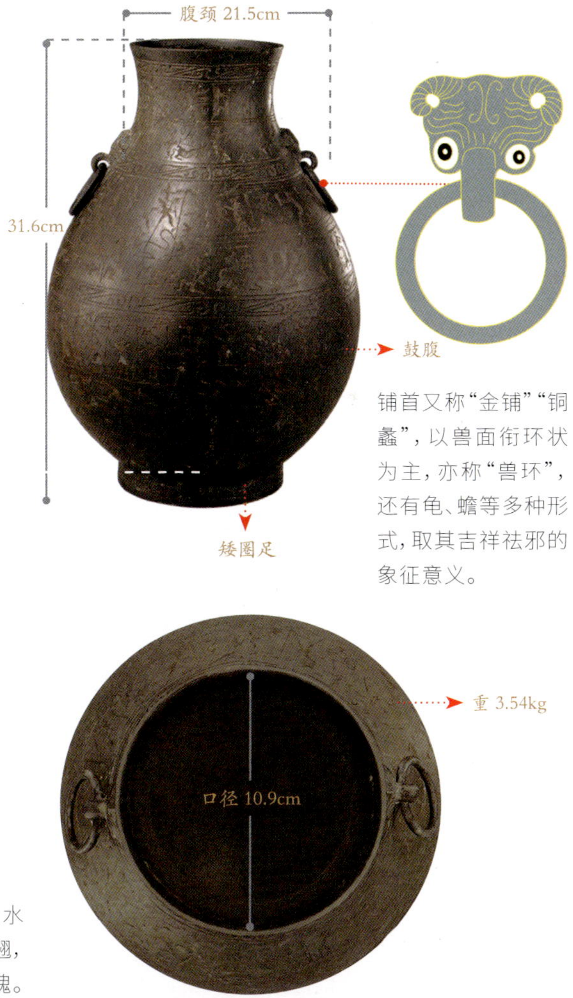

铺首又称“金铺”“铜蠡”，以兽面衔环状为主，亦称“兽环”，还有龟、蟾等多种形式，取其吉祥祛邪的象征意义。

鎏金银蟠龙纹铜壶

无惧时光的打磨，璀璨光芒千年不衰。

西汉时期 青铜酒器

河北博物院藏

鎏金银蟠龙纹铜壶，1968年出土于河北满城中山靖王刘胜墓。据史书记载，刘胜极爱喝酒，在刘胜墓中，随葬有多件70cm高的酒缸，约能装万斤酒，可见刘胜爱酒。鎏金银蟠龙纹铜壶，便是刘胜爱用精致酒器的体现。此壶侈口，鼓腹，圈足，上腹饰一对铺首衔环耳，通体鎏金银，由上至下分为6层花纹，以腹部的鎏金蟠龙纹为主体。壶内壁髹朱漆。底部铭文说明此壶原为楚元王之物，是由朝廷没收后转赐给刘胜的。全器将构图的复杂和色调的平衡完美结合起来，展现了西汉登峰造极的青铜装饰工艺水平。

纹样 Patterns

铜壶盖缘、口沿和圈足有鎏银卷云纹带，颈部饰三角纹，腹部盘绕4条金龙，间缀流畅的金色卷云纹。纹样金银相映，富丽堂皇。

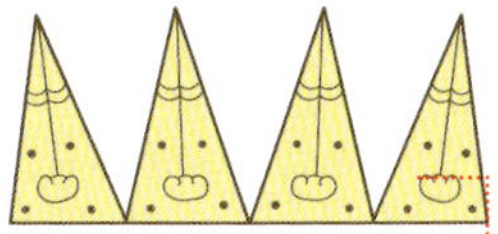

三角纹

颈部饰有鎏金、鎏银相间的三角纹，纹样端正规整，顶部绘有双线波浪纹，底部的圆形似嘴巴，将三角纹拟人化。

夔凤纹

盖面饰有3只鎏金夔凤，凤饰高羽冠，凝神注视前方，优雅端庄，平和大气，修长的躯体环绕凤首，整个纹样繁密有致。

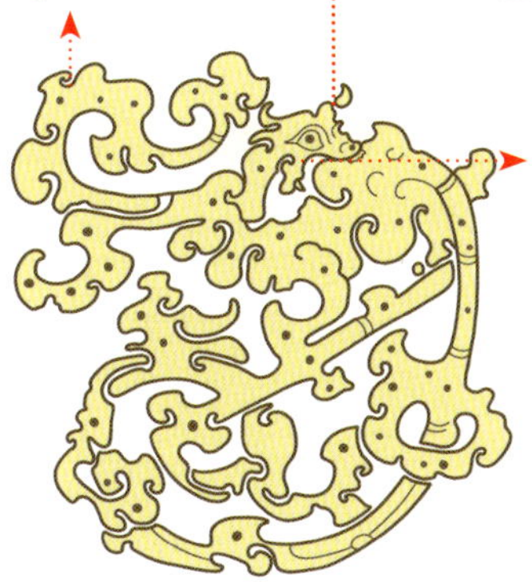

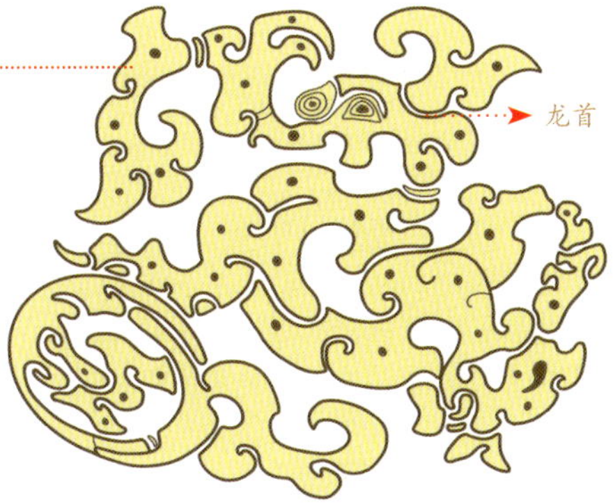

龙纹、卷云纹

腹部的4条金龙为独首双身，龙头位于腹中部，双眼圆睁，炯炯有神，龙身自由盘绕，卷云纹点缀在龙纹之间，飘逸流畅，与龙纹相辅相成，共同构成好似金龙在祥云之间盘旋遨游的场景，华贵之中透露着自由与舒畅之感。

造型 Style

此铜壶为侈口，口部较小，束颈，鼓腹，圈足，上腹饰一对铺首衔环耳，盖顶竖立装饰3枚鎏银云形盖钮。整器器型硕大，气魄雄伟。

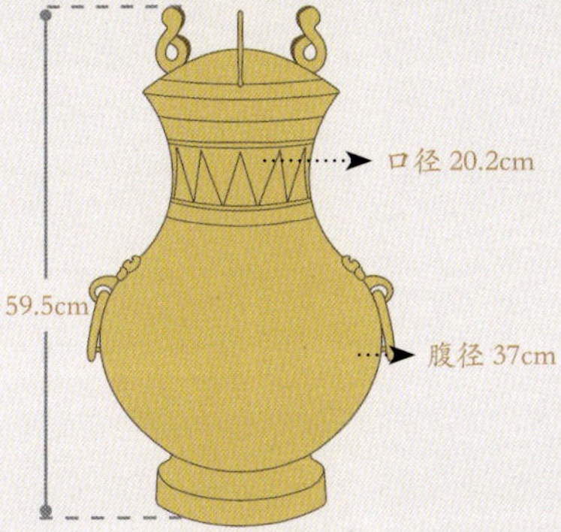

器盖呈弧形，圆润流畅，盖缘下方微敛，作子口纳入壶中，与壶身完美地结合在一起。盖钮呈三角分布，结构稳定。

工艺 Technology

鎏金技术始于战国时期，西汉时期已较为成熟，因黄金具有化学性质稳定、耐腐蚀的特点，经过鎏金技术处理的器物色泽金灿夺目，可千年不变。

第一步

将处理好的金屑加热，按比例加入水银，制成“金汞剂”。

第二步

用铜棒蘸盐、矾和“金汞剂”的混合物，将其轻抹在器物表面，进行纹样绘制。

第三步

用炭火温烤器物，使水银蒸发，黄金则成功固着在器物表面。

汉代的鎏金器相比战国，往往集多种工艺于一体，此铜壶则是采用鎏金、鎏银两种装饰工艺，丰富了装饰的色彩。

戈鸮卣

扇动双翅，我们是跳绳的猫头鹰。

商代晚期 青铜酒器

上海博物馆藏

戈鸮卣内壁铸有铭文“戈”，这是器主的氏族名称，戈鸮卣由此得名。戈鸮卣呈两鸮相背而立的造型，器盖为两个鸮首，器顶有四阿式屋顶形盖钮，器身两端鼓起，腹上部中间设有环耳，与绳索形提梁相套。戈鸮卣饰有华美的纹样，器盖以云雷纹为地，饰有卷尾蛇纹、蝉纹等，动物纹与几何纹交错分布，繁缛的装饰之中彰显出戈鸮卣的贵气。整件器物造型圆润敦实，憨态可掬，大气之中带着一丝呆萌可爱，是不可多得的青铜器珍品，其兼具实用性与美观性，具有极高的艺术价值。

纹样 Patterns

戈鸮卣的器身上布满刻画细腻的动物纹。盖面以云雷纹为地，饰卷尾蛇纹、蝉纹，盖下缘饰菱格纹，器身两端各饰一对翅膀纹，胸前和翅膀上布满鳞纹。四足饰小龙纹，两侧的下腹部各饰一个小兽纹。

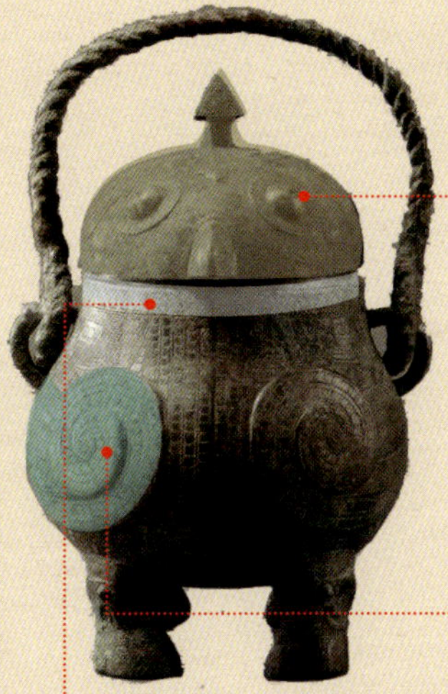

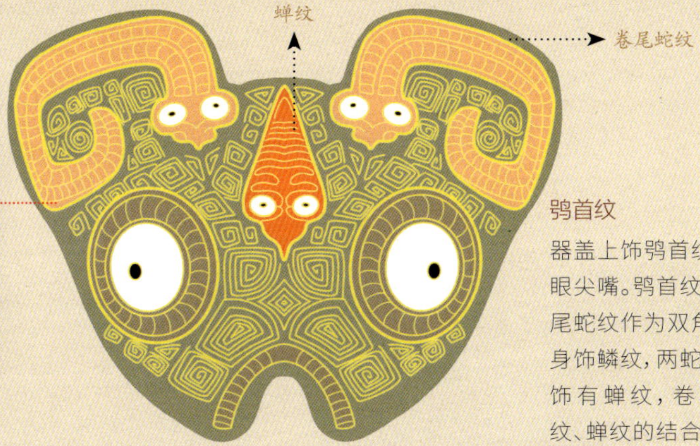

鸮首纹

器盖上饰鸮首纹，圆眼尖嘴。鸮首纹以卷尾蛇纹作为双角，蛇身饰鳞纹，两蛇中间饰有蝉纹，卷尾蛇纹、蝉纹的结合使鸮面更加生动。

几何纹

器身的颈部和盖面底边各饰有一圈几何纹，三角形与方形上下交错分布，横向整齐排开。

翅膀纹

器身鼓起的两端各饰一对翅膀纹，布满鳞纹，犹如鸮翅，前段卷曲，后段舒展，上饰一蛇纹，翅膀后有一折钩，这使翅膀显得健壮有力。

造型 Style

整器由两个相背而立的鸮形结合而成，器身呈椭圆形，卣腹垂弛，其有拱形盖，有四阿式屋顶形盖钮，颈部有绳索形提梁，下有四蹄足。

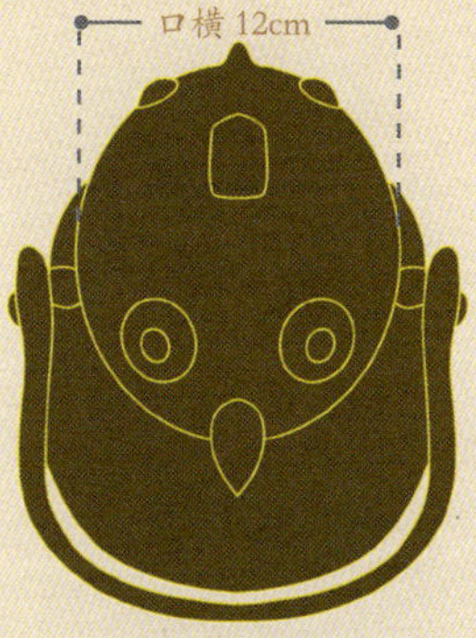

商代鸮卣的器盖两侧饰有鸮喙。商代中期，鸮喙多朝下；商代晚期，鸮喙多朝上，并且鸮卣一般有绳索形或扁平状提梁，无提梁的则设两枚突钮。

大英博物馆藏的商代鸮卣的鸮喙朝上

小臣𢆶方卣

做王最忠实的臣子，肩负传王意之使命。

商代晚期　青铜酒器

上海博物馆藏

小臣𢆶方卣，名称源于器物上所铸铭文。小臣是商代官名，为君王近臣，负责传达王命，地位颇为尊贵，𢆶是人名。整器呈长方形，子母口，盖为四阿式屋顶直沿形，盖上有四阿式屋顶形盖钮。此方卣采用高浮雕的装饰手法，饰有兽面纹、龙纹等。提梁两侧装饰圆雕兽首，整器四周均有扉棱，十分庄重。从现有著录看，小臣𢆶方卣最早的所有者是清代收藏家吴大澂，后此方卣流落到日本私人藏家坂本五郎手中。2010年，由上海博物馆购回。整器造型大气，有“提梁卣至尊之王”的美誉。

纹样 Patterns

小臣𧊒方卣不施地纹，均饰以高浮雕纹样，并用阴线进行勾勒。器盖、器腹下部饰兽面纹，器腹上部、圈足饰鸟纹，器颈饰龙纹，中间有凸起的兽首。整体纹样上下搭配有序，既简朴粗放，又不失神秘庄重。

倒置兽面纹

器盖上饰倒置兽面纹，圆眼大睁，獠牙凸起，阴线勾勒加强了兽面的立体感。

对鸟纹

器腹上部的对鸟纹纤细修长，鸟口微张，似在吟唱，鸟首下方的翅膀向上扬起，颇有飞翔时的轻盈之感，整体造型优雅。

兽首双龙纹

器颈饰俯首屈体的双龙纹，龙头向下张望，靠近龙尾，似要包裹万物。两龙中间有一兽首，兽角向内卷。

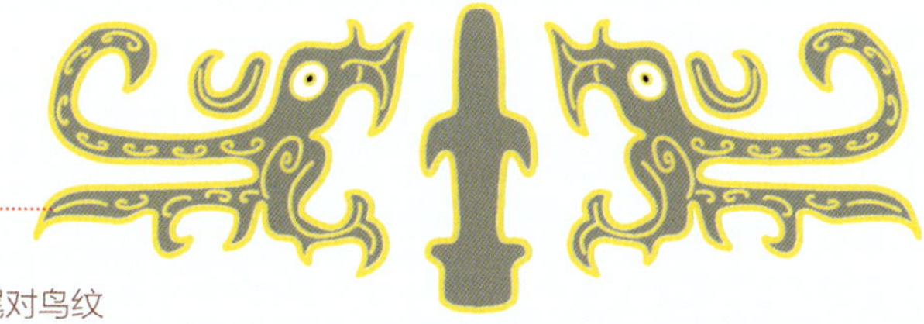

卷尾对鸟纹

圈足上的卷尾对鸟纹较为方正，鸟口大张，其似有冲破云霄之势。鸟尾向上卷起，与羽冠的卷曲方向相反，二者形成对比。

造型 Style

商周时期的提梁卣造型多变，其中大多数的整体造型为圆形或椭圆形，口小，腹鼓，且有盖。小臣𧊒方卣为方口，短斜肩，有四阿式屋顶形盖钮，直腹略收，圈足外撇，肩两侧设提梁，提梁两侧饰圆雕兽首，器盖和器身的四隅饰有扁平形的扉棱。整器凹凸有致，看起来端庄厚重。

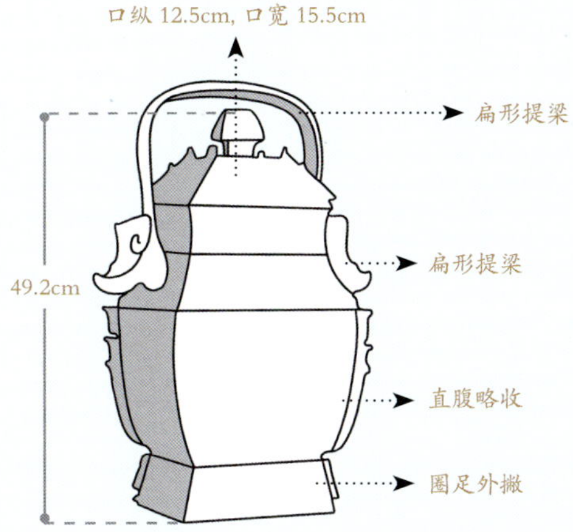

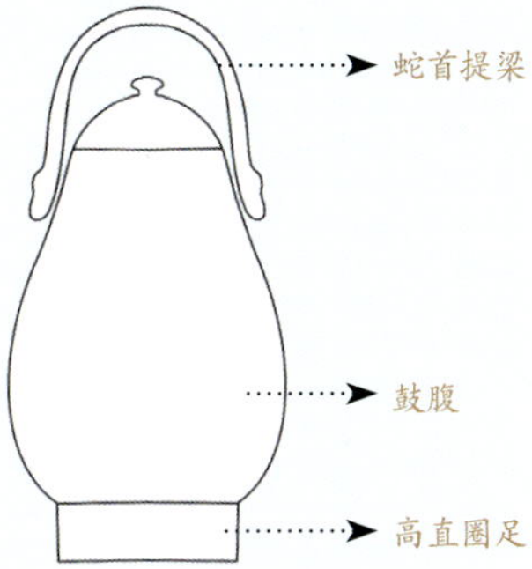

商代早期

器体呈椭圆形，盖顶有菌形钮，提梁为蛇首造型，神秘诡异。

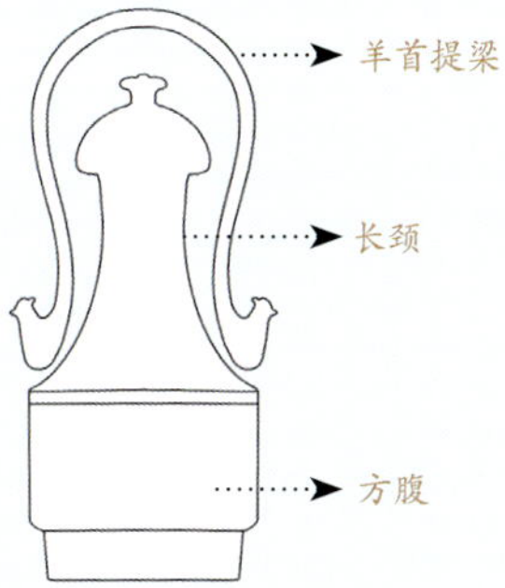

商代晚期

器颈瘦长，卣腹为罕见的方腹，与商代早期常见的卣有很大区别。

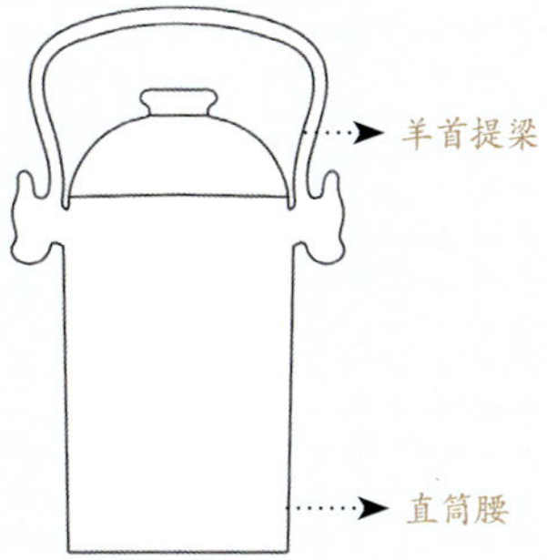

西周早期

西周早期的器型设计变得更为简洁，整体造型朴素化。

四羊首瓿

四羊开泰，我为商人带来吉祥。

商代晚期　青铜酒器
上海博物馆藏

四羊首瓿为盛酒器。青铜瓿是由陶瓿演变而来的，仅在商代中晚期出现，存在的时间很短，后来逐渐被更高的罍所取代。此器肩上饰4个高浮雕卷角羊首，羊首直接附于肩部之上，是以分铸法制成的。羊首左右饰有弯角长喙龙，角部均有鳞纹。腹部上沿饰火纹和“亞”形纹，火纹与亚字纹的组合构图独特，在出土的青铜器中较为少见。下腹部饰乳钉雷纹，并以联珠纹为下栏。此瓿大口，方唇，直颈，折肩，宽腹。整器器型宏伟，颇为壮观。因铜质矿化，器表生成碱式碳酸铜，光泽翠绿，精美而神秘。

纹样 Patterns

器腹上沿饰有一圈火纹与“亚”形纹，器腹中央饰大面积乳钉雷纹。火纹与“亚”形纹较少见，铸造地域尚不明确，四羊首瓿将其与商代古老的乳钉雷纹结合，体现了文化的交融。

火纹、“亚”字纹

器腹上沿饰有火纹与“亚”形纹，二者相间分布，这一构图非常独特且罕见，殷墟出土的青铜器上基本没有发现这种纹样。

鸟形扉棱纹

每相邻两个羊首中间隔一鸟形扉棱纹，立鸟圆眼短喙，棱脊薄且直，显得立鸟体态轻盈。

乳钉雷纹

器腹中央饰有大面积的乳钉雷纹，此纹样是将乳钉纹置于斜方格雷纹中形成的。乳钉雷纹排列合理，错落有致。

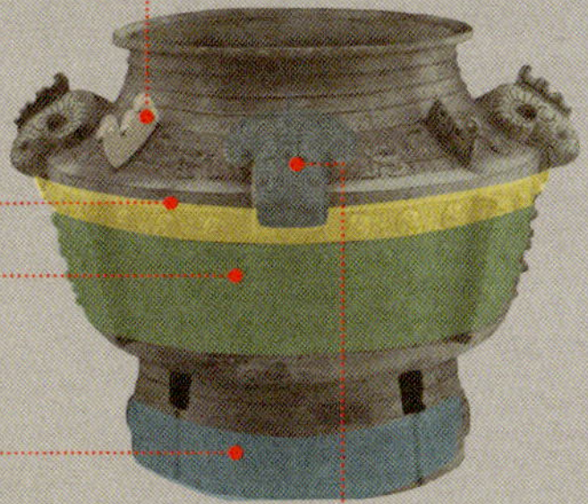

兽面纹

圈足下沿饰兽面纹，双角突出，以雷纹为地纹。沿圈足的形制，兽的躯体向两侧展开，这使兽面的装饰更加平面化。

羊首纹

肩部饰有4个羊首，它们均为高浮雕形式。羊角弯曲，双目突出，彰显出羊的高傲威猛。

功能 Function

瓿可作为食器、酒器、水器、杂器。瓿盛行于商代，商人爱酒，瓿因腹宽、口大，所以更多地被用作盛酒器。

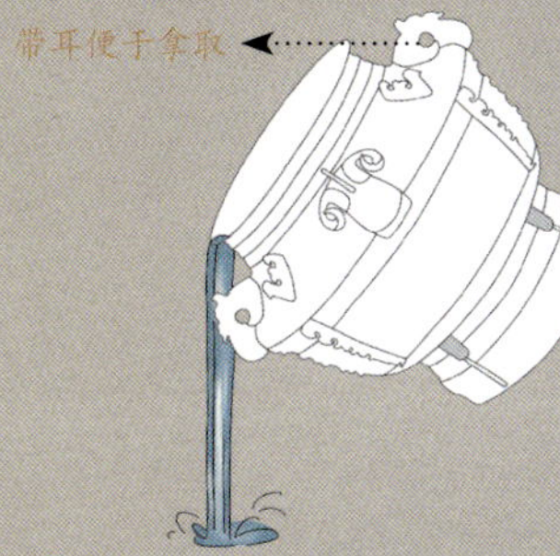

为便于拿取，部分瓿带耳。

造型 Style

瓿形状似尊，但比尊矮，多为敛口、大腹、圈足，可分为带盖与无盖、带耳与不带耳等类型。此外，亦有方形瓿。

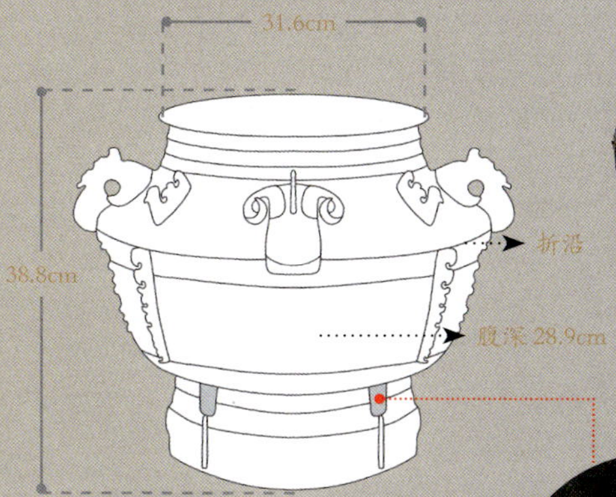

起初，青铜瓿沿用无盖之形；商代晚期，青铜瓿多有盖。

四羊首瓿大口，短颈，圈足较高，有三方孔。孔是在块范铸造的过程中，为了固定上下两块芯土的位置而设计的。

共父乙觥

- 觥筹交错，酝酿的是先人的创造与想象。

西周早期　青铜酒器
上海博物馆藏

共父乙觥是历代传承下来的，出土地点尚不明确。觥，为盛酒器，出现于商代晚期，在西周早期逐渐消失。觥器、盖相对刻有3字铭文“共父乙”，表明此器为父乙所作，器物名称也由此而来。共父乙觥由器盖、鋬和圈足等构成。商人认为由多种动物组合而成的形态更具有神力，是沟通神灵的有效媒介。此器集合了商代流行的动物纹样，这在同时期的装饰中不多见。此觥的内部可分层存放两种酒，其是集实用性与美观性于一体的精美酒器。如今所存世的觥不足百件，但我们仍使用“觥筹交错”等成语来表现宴饮时的欢畅。

纹样 Patterns

共父乙觥盖前为一兽首，中脊浮雕一条细长卷尾小龙，盖后为一牛首纹，器尾饰牛首把手，腹部饰有凤鸟纹。此器集多种动物纹样于一身，纹样华美，神秘色彩浓厚。

兽首纹

觥盖前端为幻想中的兽首，其有一对长颈鹿的角和一对兔子的耳朵。兽首昂然而出，两目圆睁，神态肃穆。

吐舌牛首纹

觥盖后端是一牛首纹，双角向上，双耳凸起于器表，长舌上卷，彰显出牛的威武健壮，与器尾的牛首把手相呼应。

凤鸟纹

腹部饰一大凤鸟纹，大凤鸟长冠飘逸，气宇轩昂。圈足、凤背上方饰有小凤鸟纹，小凤鸟各具形态，错落有致。

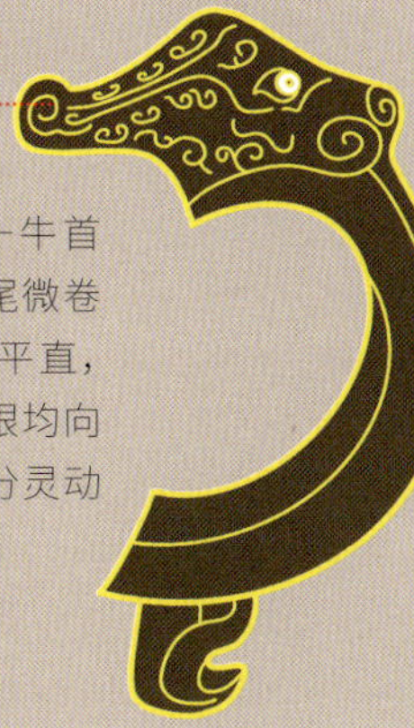

牛首纹

觥侧鋬上饰有一牛首纹。牛尾顺着鋬尾微卷上勾；牛的双角平直，与器身紧贴；双眼均向外张望，显得十分灵动有趣。

造型 Style

觥有两类造型，一类完全以动物形象为器物的造型，一类上部仿动物造型，下部为器物造型。父乙觥属于后者，由器盖、鋬和圈足等组成。

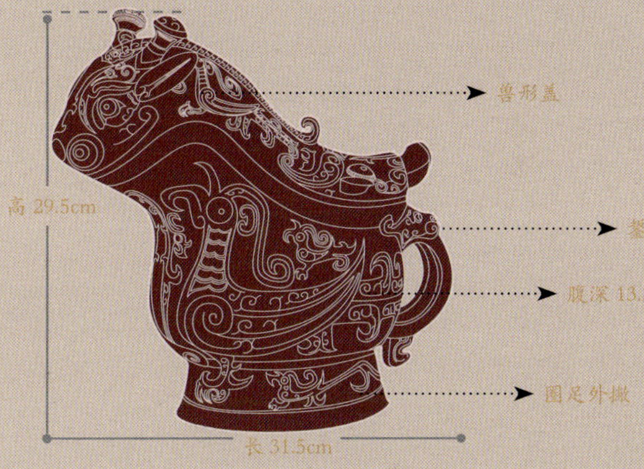

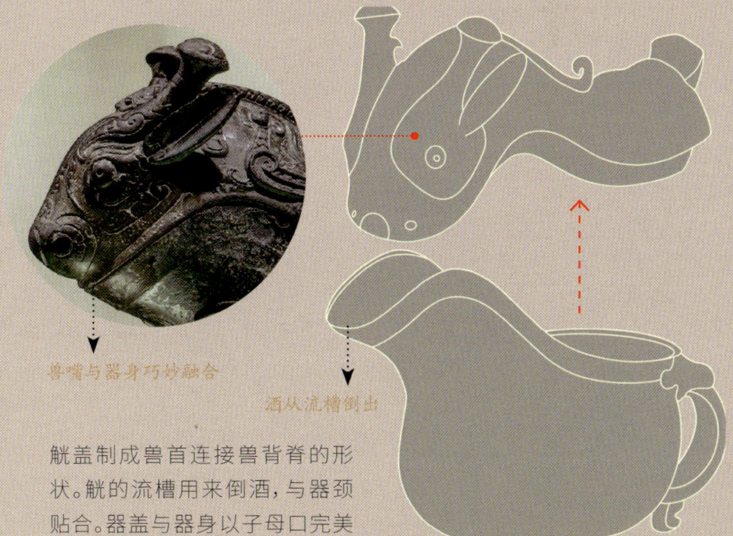

觥盖制成兽首连接兽背脊的形状。觥的流槽用来倒酒，与器颈贴合。器盖与器身以子母口完美地嵌合在一起。

日己觥

● 集萌与优雅于一身，展青铜酒器之余晖。

西周中期 青铜礼器
陕西历史博物馆藏

日己觥，1963年出土于陕西扶风齐家村西周窖藏，这批窖藏的青铜器被认为是周代贵族由于犬戎入侵而逃亡时埋于地下的。日己觥为陕西省仅出土的3件觥之一，由器盖和长方形器身组成，器身曲口宽流，四角起扉棱，外观庄重大方。此器全身布满多种多样的浮雕纹样，兽首纹、夔龙纹、鸟纹等同处一器，繁而不乱。日己觥器、盖同铭，各18字，是作器者为亡父日己所铸的。千年之后，物是人非，但铭文仍保留着作器者对父亲无尽的思念。日己觥埋藏于周人发祥之地，蕴含着丰富的历史信息。

纹样 Patterns

日己觥上的纹样采用浮雕手法而刻。盖前端为双柱角夔龙头，后端呈虎头形，中脊为一条小龙，两侧各饰长尾凤鸟纹，整件器物显得神秘奇特。

回首夔龙纹

器身曲口饰有回首夔龙纹，尾后饰小鸟，夔龙似在回望小鸟，两者形成互动，让器身的装饰更加和谐灵动，富有生机。

兽首纹

盖前端为双柱角夔龙头，双目突出，两角直立，中间立有小虎。造型威严，但兽似在微笑，十分可爱。

羽翎纹

兽尾为日己觥的把手，宽大逶迤，上面有并排的锁链状刻纹，如孔雀尾羽上的宝珠形羽毛，象征凤尾。

卷角饕餮纹

器腹四面饰卷角饕餮纹，正面的卷角饕餮纹较为方正，侧面的则较为宽大，额间饰一对小角，造型更为丰满。

鸟纹

圈足上饰鸟纹，以两只相对的鸟为一组，分列圈足四面，极具动感。

造型 Style

日己觥的器盖为动物造型，口曲，宽流，器身四角设有扉棱。此器以宽兽尾为鋬，造型神秘奇特，独具匠心。

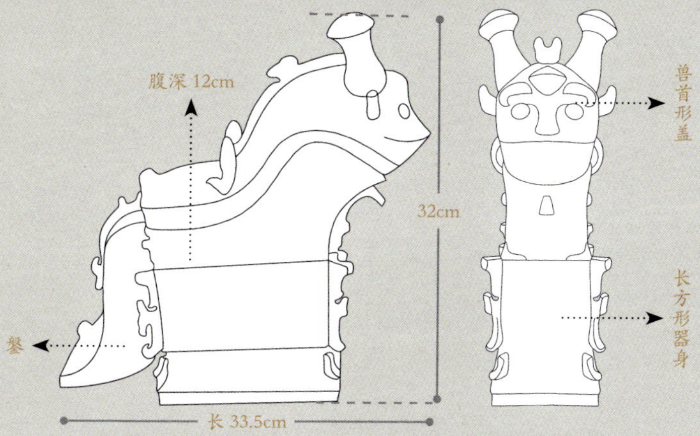

铭文 Inscription

日己觥器、盖同铭，各18字，内容为“作文考日己宝尊宗彝，其子子孙孙永宝用，天”。

铭文大意是作器者为自己的亡父日己铸造祭器，以求亡父庇护子孙万代。

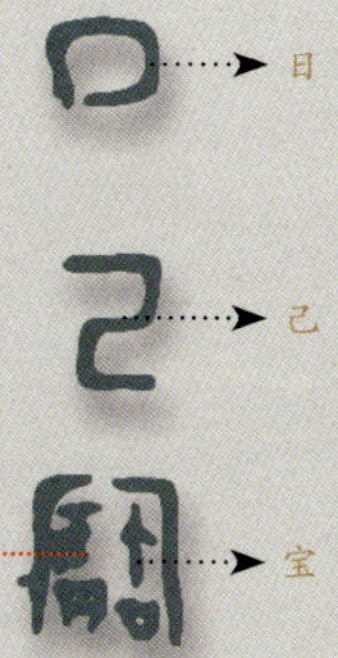

与日己觥同时出土的还有日己方彝、日己方尊，它们都是作器者为亡父铸造的祭器，蕴含着慎终追远、视死如生的文化内涵。

龙形觥

● 宛如游龙浮水中，悠然自得显神通。

商代晚期 青铜酒器
山西博物院藏
第三批禁止出国（境）展览文物

龙形觥，1959年出土于山西石楼桃花者村，因器型宛如一艘荡漾在水波中盖的龙舟而得名。该器器腹呈弧形，微鼓，背上有长盖，盖中央有蘑菇状钮，口沿的贯耳可将器物吊起来以便热酒，底部的长方形矮圈足可使器物保持平稳。器物上的鳄鱼纹在国内已出土的青铜器中独一无二，与中原装饰风格相异。它是商代晚期“方国”青铜文化的代表作品。

纹样 Patterns

龙形觥器身遍饰华美精细的纹样。盖面饰龙纹，与前端龙首衔接，衬涡旋纹，流畅而灵动。器腹两侧主饰鳄鱼纹和龙纹，以涡纹和云纹为衬托，鳄鱼头部的朝向与龙首相反，这使纹样颇富动感。圈足饰夔龙纹。

涡纹

涡纹起源于先民对水涡或蛇的图腾崇拜。涡纹填于龙纹旁边的间隙，亦饰于盖钮上。两种纹样相结合，颇有龙蛇相衬，在水中自由游动的灵动感。

凤鸟纹

器盖的后端饰有一倒置的凤鸟纹，鸟身沿下方的龙形绘制，修长轻巧，与龙相伴，有龙凤呈祥的美好寓意。

双角龙纹

盖后饰双角龙纹，龙头朝下，尾部卷曲，与头部的龙首造型连为一体，首尾呼应，间隙辅以旋涡纹，使得整体纹样协调相融。

鳄鱼纹

器腹饰有鳄鱼纹。青铜器上饰以鳄鱼的形象，这在世界范围内十分少见。

吐舌龙纹

器腹饰有一硕大的吐舌龙纹，龙张口吐舌，气势磅礴。龙身饰回形纹，在平直之中略带起伏，似在水中摆动。

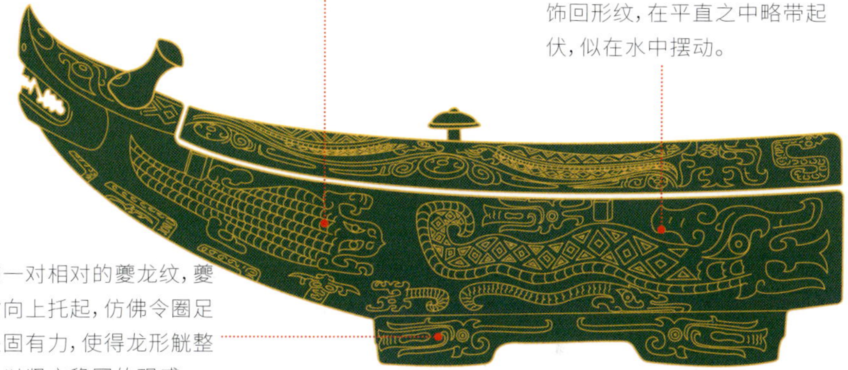

夔龙纹

圈足饰一对相对的夔龙纹，夔龙长嘴向上托起，仿佛令圈足更加坚固有力，使得龙形觥整体给人以坚实稳固的观感。

造型 Style

龙形觥前端呈龙首昂扬之姿，背部有长盖，盖面呈现宽大的龙身，盖身与龙首造型相呼应，盖顶有蘑菇状盖钮。器身口沿外附有贯耳两对，下有长方形矮圈足。造型如龙舟停泊于水面，奇特有趣。

前端的龙首昂扬，双目圆鼓，双角粗壮，利齿毕露，面貌狰狞，龇牙咧嘴为流，酒似顺应龙之气息顺流而出，设计十分巧妙。

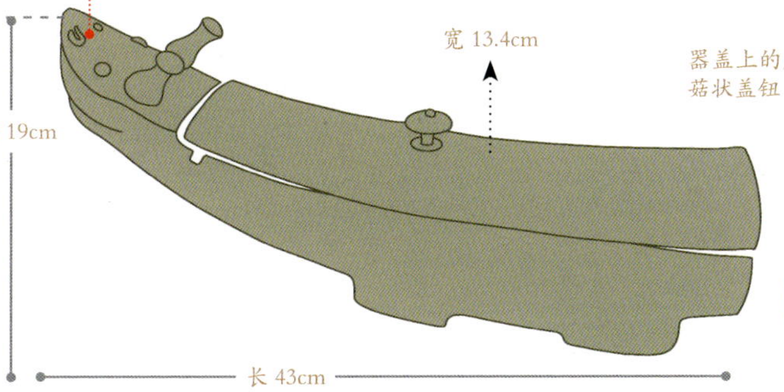

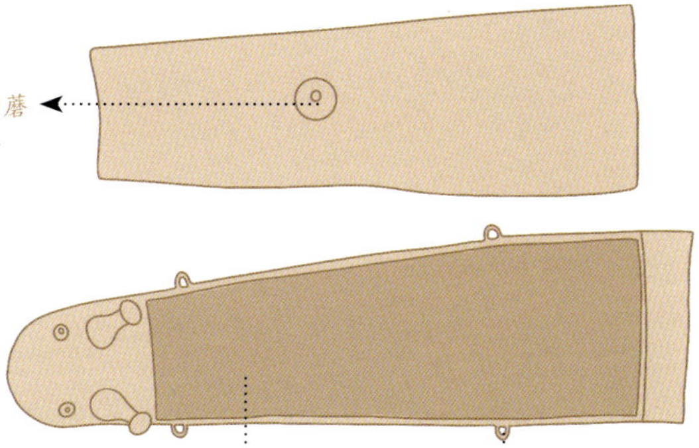

逨盉

龙腾虎跃凤呈祥，是单氏家族的美好夙愿。

西周晚期　青铜礼器
宝鸡青铜器博物院藏

逨盉，2003年出土于陕西眉县杨家村窖藏。盉可作为酒器，一般用水来调和酒味；也可作为水器，通常和盘、匜等搭配使用。从盖内铭文得知，器主为西周单氏家族第八代逨。此器造型别致，器身呈扁圆形，上有凤鸟形盖，器身与器盖用虎形链及双环相连，有直管状流部，流端有一龙首，下有四兽足。整器将威风凛凛的虎与柔美优雅的凤鸟及刚强雄健的龙组合在一起，刚与柔、动与静相互衬托，和谐统一。目前出土的盉大多器型较小，造型简单，像逨盉这样器型较大且装饰华丽的并不多见，可谓是盉中的精品。

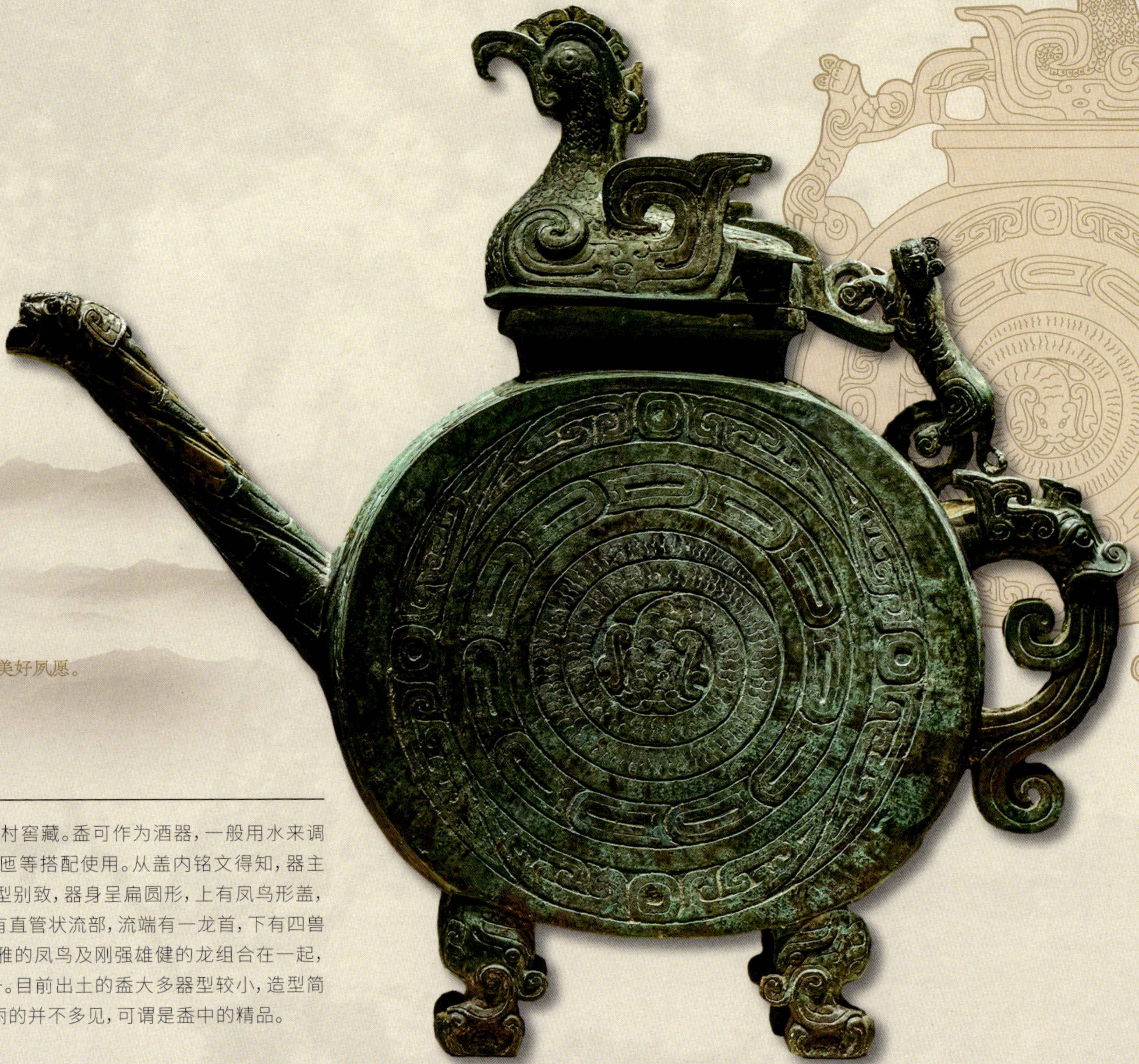

纹样 Patterns

迷盉器腹两侧饰龙纹，盖首饰凤鸟纹，器盖与器身的连接处饰虎纹。鋬是吞云吐雾的龙，好像在空中呼风唤雨。器身下为4个龙首形兽足。整器集龙、凤、虎于一身，纹样繁缛，装饰华丽。

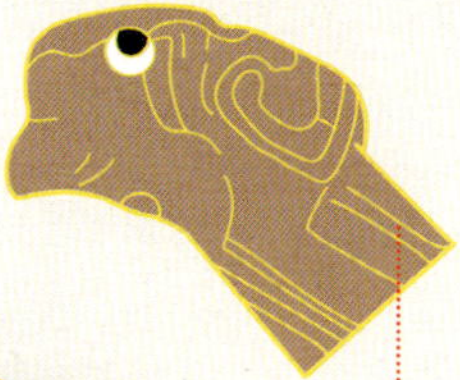

龙首纹

流部纤长而平直，流端为龙首，整体像是一条舞动身躯的长龙，正张着嘴准备吐出美酒。

卷鼻龙纹

器身下为4个龙首形兽足，龙向下怒视，有狠扎地面之势。这4个兽足稳固有力，没有丝毫的失重感。

凤鸟纹

盖上饰凤鸟纹，颈部饰羽状纹，凤首高昂，似在引吭高歌，显示出凤鸟的温婉秀丽，表现出蓬勃向上的生命活力。

虎纹

器盖与器身的连接处饰虎纹，老虎歪着头似在向上攀爬，悠闲自得却不失兽中之王的威严。

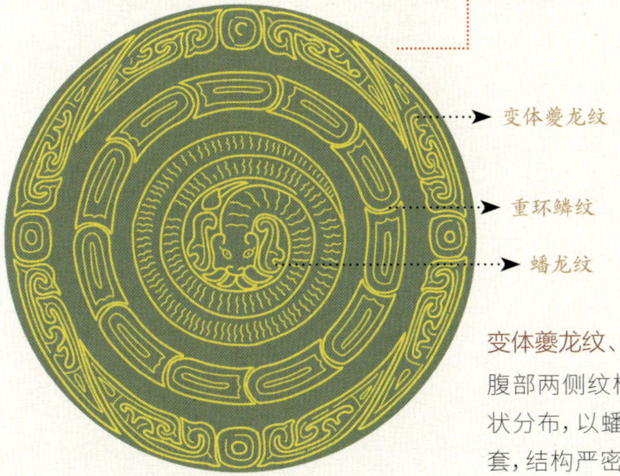

变体夔龙纹、重环鳞纹、蟠龙纹

腹部两侧纹样相同，3圈纹样呈同心圆状分布，以蟠龙纹为视觉中心，层层相套，结构严密，颇有蓄势待发的冲劲。

造型 Style

盉多为圆口，腹部较大，有三足或四足。此器器身为扁圆形，有长方形口和直管状流部，有龙首鋬。

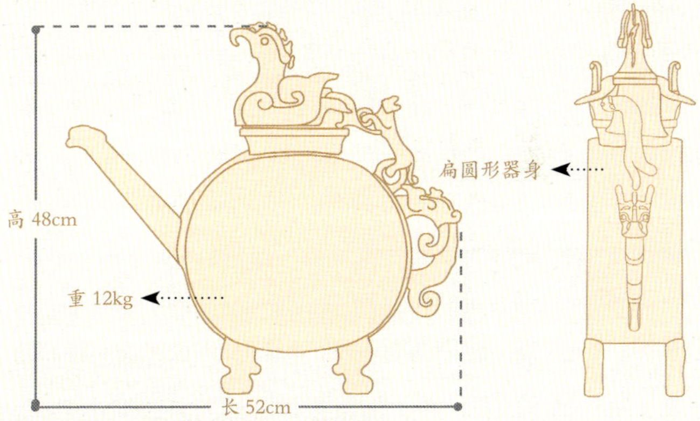

虎形链连接起器盖与鋬手，器盖打开时，三者相连形成一条优美的弧线，连接虎形链的圆环与鋬形半圆相呼应，几何美感十足。

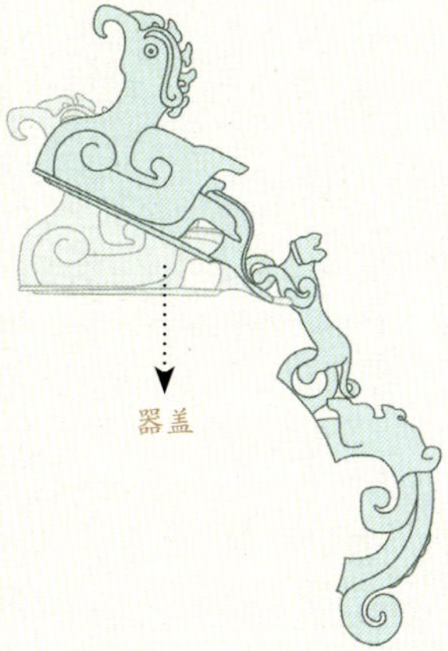

西周兽面纹青铜盉

● 踏于粤地，我独自便有三足鼎立之势。

西周时期　青铜酒器
广东省博物馆藏

西周兽面纹青铜盉，1974年出土于广东信宜市一座名叫“光头岭”的小山，因此也被称为“信宜青铜盉”。在此盉的出土地未发现任何墓葬与其他文物，可见，此铜盉可能是被人故意藏匿的。此盉形制似鬲，敞口，长流略微呈弧形，下有三足，把手由两条镂空的夔龙相合而成。器身通体饰夔龙纹、雷纹和饕餮纹，与龙纹盉较为相似。此盉为西周的典型器物，其纹样和形制具有明显的时代特征。此盉形体厚重，纹样繁密，铸造工艺具有科学性，作为广东地区首次发现的西周青铜盉，有“广东省最美青铜器”的称誉。

纹样 Patterns

西周兽面纹青铜盉颈部饰一周夔龙纹，肩饰斜角雷纹，腹以裆为界，每足由雷纹构成一组饕餮纹，每两组饕餮纹之间各有一条夔龙。器盖和流上饰立体蟠龙龙纹。此盉纹样精细，有庄重之感。

立体蟠龙纹

器盖上饰立体蟠龙纹，龙头向前伸；器身一侧置一流，其呈曲体龙形，龙头双耳向后挺立，与器盖上的龙相对，极具动感。

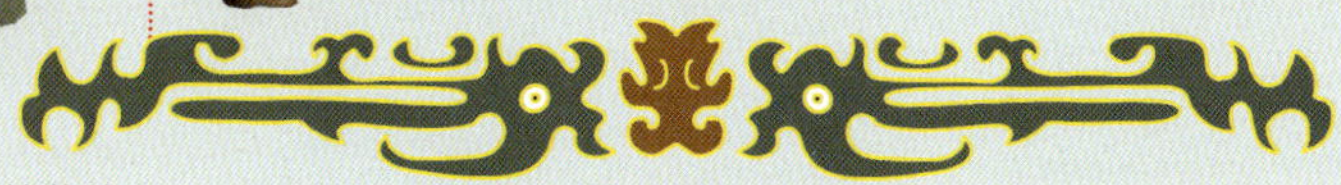

双夔龙纹

盉身后侧置鋬耳，其由两条镂空的夔龙相合而成，两龙之间以小圆柱相连，其上小圆柱刚好被盉身铸的一条小龙咬住相合。

饕餮纹

盉的三足饰有由雷纹构成的饕餮纹，上饰雷纹，使得盉足仿佛更加势沉而有力，每两足之间所饰的夔龙纹则又为足部增添几分灵动之意。

夔龙纹

盉颈部环饰夔龙纹，双龙相对而视，间以小型纹样，这些纹样整体对称分布于盉颈两侧，为器具整体增添了几分协调之美。

造型 Style

早期盉的造型受鬲的影响，顶部多为圆弧形，无盖。西周早期，出现凤鸟形盖等兽首形盖，春秋时期多为平顶盖。此盉盉身似鬲，侈口，倒水的流较长，高于器口，增加器物线条感的同时使得注水更为方便。三足分裆而立，为圆柱状，使得整个盉在摆放时更为稳固。

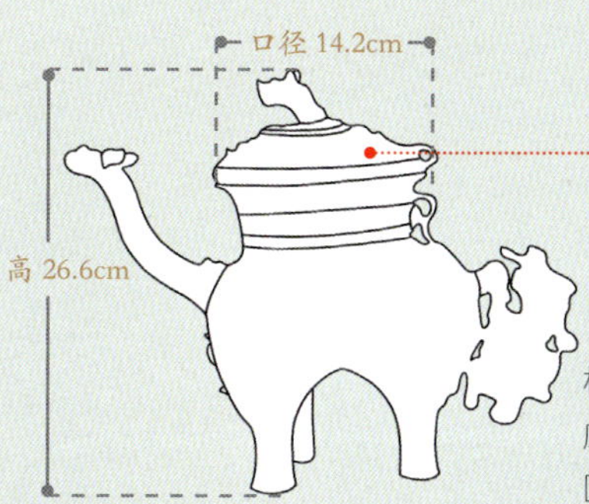

根据形制和花纹，可以推测，这件青铜盉应是周王室常用的。但它出现在岭南地区，可能是因为周人将它送给了越国贵族，或者是周人南迁时将它带到了那里。

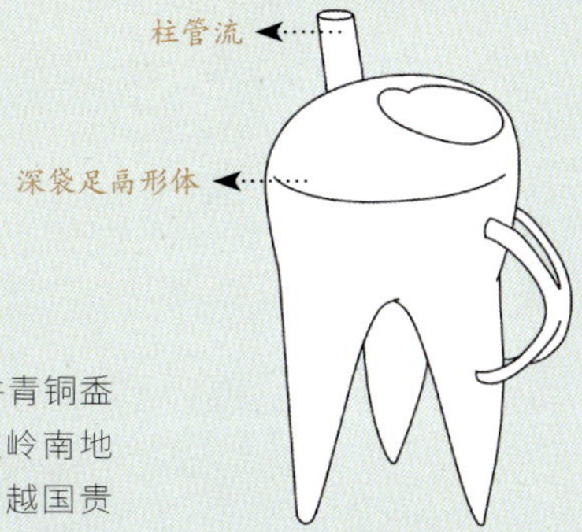

二里头时期

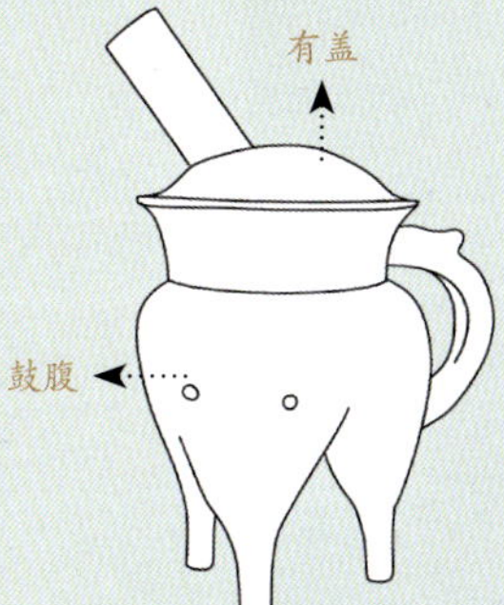

商代

春秋时期

乳钉纹铜爵

保持仪容尽礼数，我是端庄的『华夏第一爵』。

二里头夏都遗址博物馆藏

夏代 青铜酒器

乳钉纹铜爵，1975年在河南洛阳偃师二里头遗址出土，是迄今为止我国发现最早的青铜爵。青铜爵作为一种常见的饮酒器，流行于夏商时期，具有“明贵贱，别尊卑”的作用，处于酒礼器组合的核心地位，“爵位”一词，就是从用爵制度中衍化而来的。该铜爵有窄长流、尖长尾，针状双柱矮小，细腰瘦腹，仿若一个有着杨柳细腰的女子，也被称为“美人爵”。虽极具美感，但重心略微不稳，实用性稍欠缺。腰腹中间饰有简单的乳钉纹，整体装饰素雅。乳钉纹铜爵是夏代青铜冶铸技术的实物见证，是使用者身份和地位的象征。

纹样 Patterns

爵腹正面横列5个乳钉纹，夹在两道凸弦纹之间。

乳钉纹

乳钉纹多见于商代晚期和西周时期，表现为乳突，排列成单行或方阵式，主要出现在鼎和簋上，常位于腹部，单独成片。

尺寸 Size

此爵细长，且腰身和高足带有曲线，爵壁极薄，整体轻盈飘逸，铸造工艺精巧绝伦。

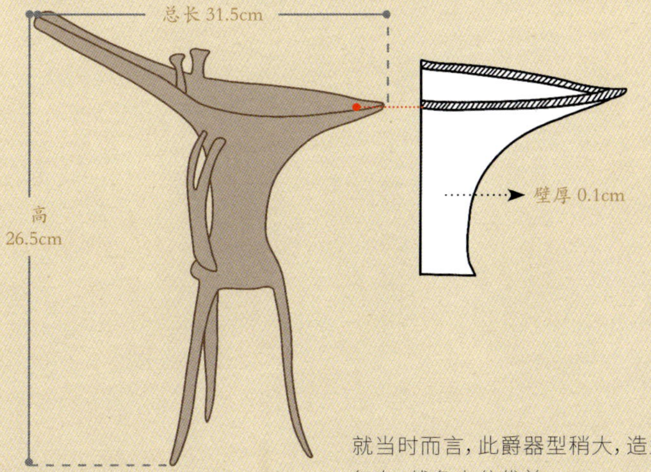

就当时而言，此爵器型稍大，造型较为复杂，线条十分优美。

形制 Form

乳钉纹铜爵有长流尖尾，圆腹束腰，三足细长外撇，平腹一侧有扁带状鋬，流近口处有两个菌状短柱。整器造型俊巧清逸，宛若一位洒脱的王者。

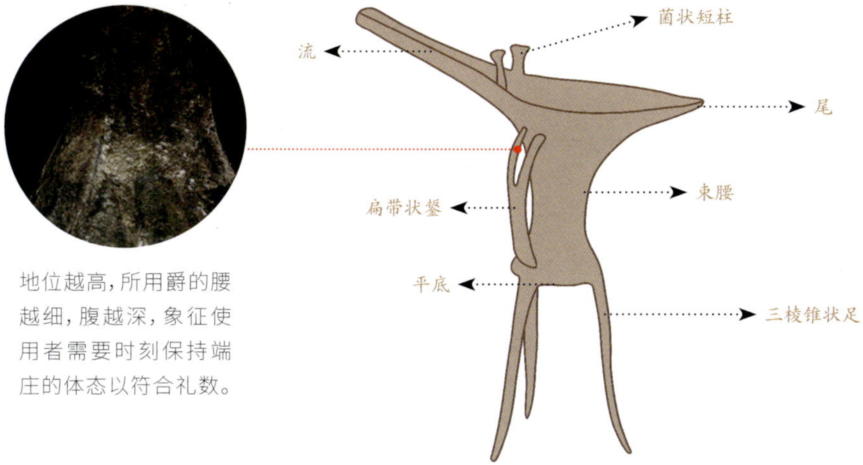

地位越高，所用爵的腰越细，腹越深，象征使用者需要时刻保持端庄的体态以符合礼数。

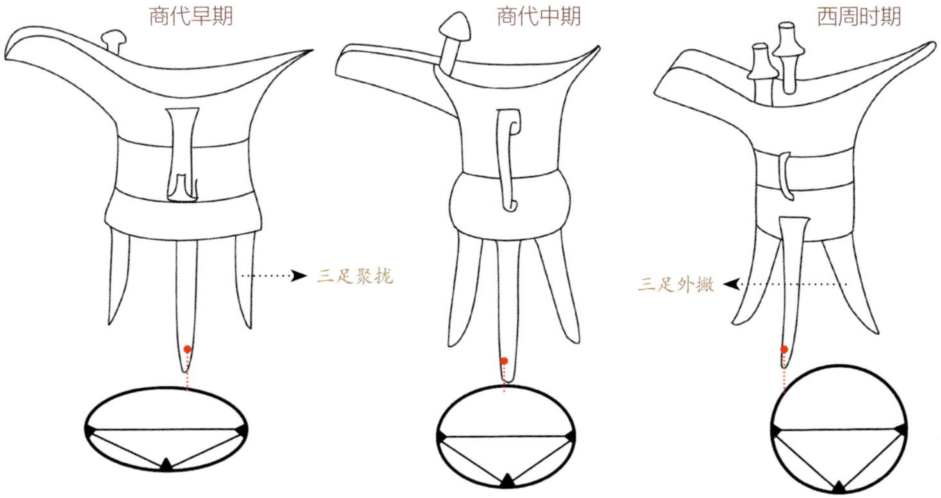

夏代的爵三足外撇，足长且细；商代早期的三足开始变粗并向中间聚拢，中期爵的稳定性增加，三足分布均匀；西周时期，爵的三足虽外撇，但分布均匀。

『父乙』铜角

我为角王，出淤泥而绽光泽。

河南博物院藏

西周时期 青铜酒器

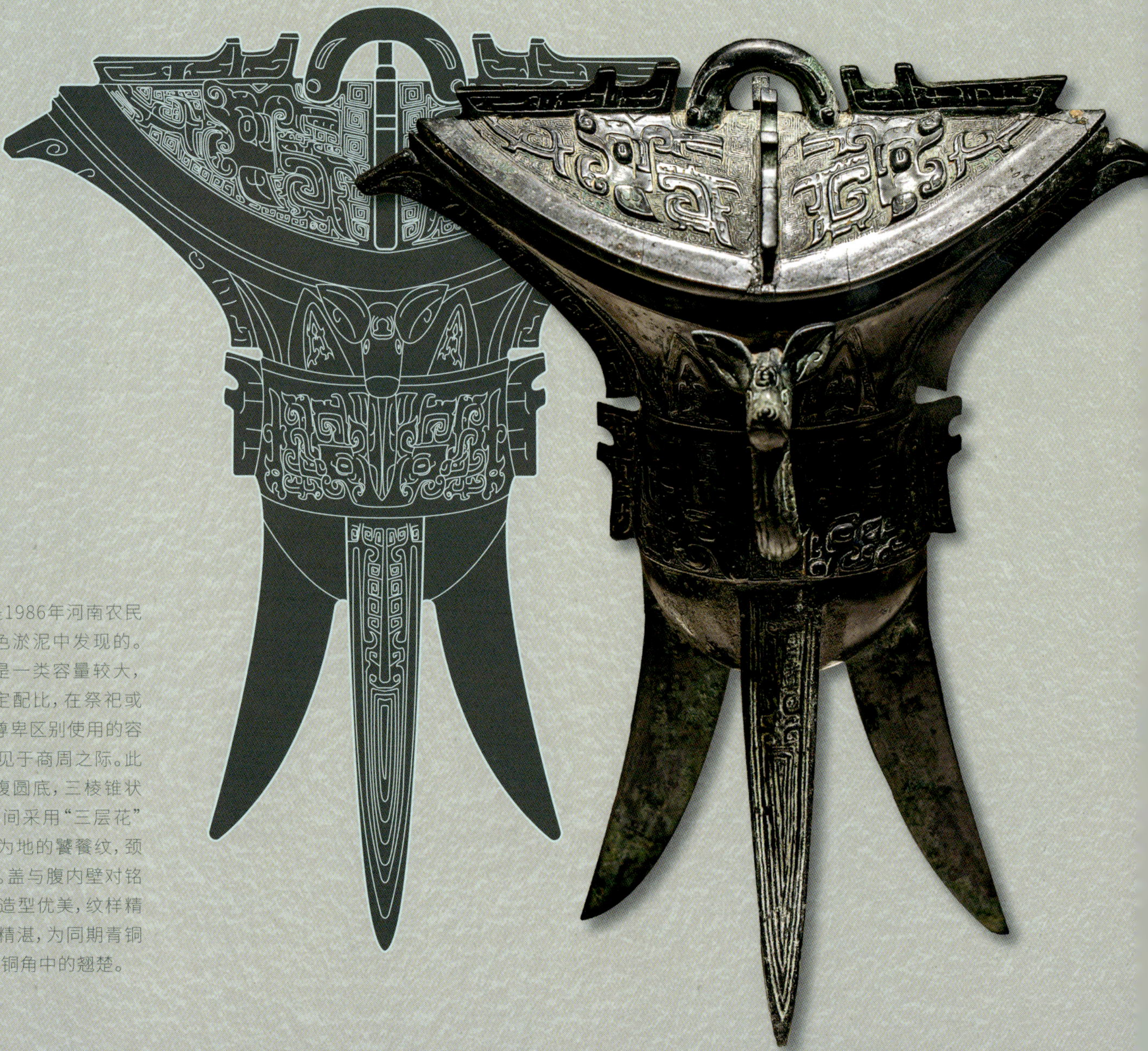

“晨肇贮”铜角有两件，是1986年河南农民修筑水坝时，在河道黑色淤泥中发现的。角为饮酒器或温酒器，是一类容量较大，和爵、觯等酒器按照一定配比，在祭祀或宴飨时依据使用者身份尊卑区别使用的容器，其流行时间较短，仅见于商周之际。此铜角器口呈橄榄形，深腹圆底，三棱锥状足。盖及腹部有扉棱，其间采用“三层花”的手法装饰有以云雷纹为地的饕餮纹，颈部和足部则饰蕉叶蝉纹。盖与腹内壁对铭12字。该铜角构思巧妙，造型优美，纹样精美，通体发亮，制作工艺精湛，为同期青铜器中罕见的珍品，可谓青铜角中的翘楚。

纹样 Patterns

此铜角的盖及腹部采用“三层花”的装饰手法，即地纹、主纹、装饰纹三者相结合。整器以云雷纹为地，饰有饕餮纹、蕉叶蝉纹，装饰精致华美，神秘大气。

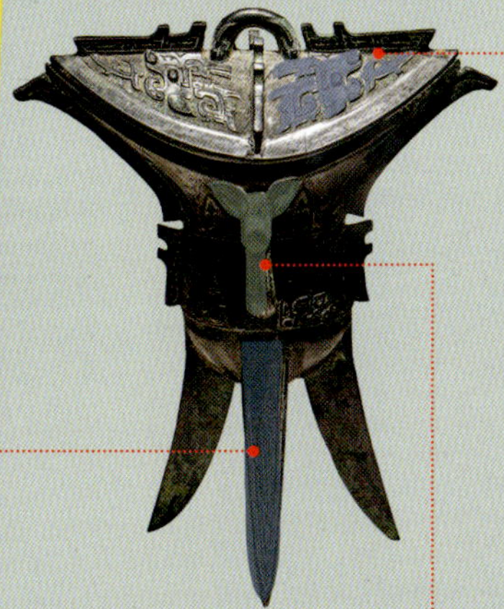

龙形兽面纹

器盖的每部分均饰半个龙形兽面纹，兽面侧绘于盖上，由粗线条勾勒出眼、眉、嘴的轮廓，并用细阴线刻画骨脊。

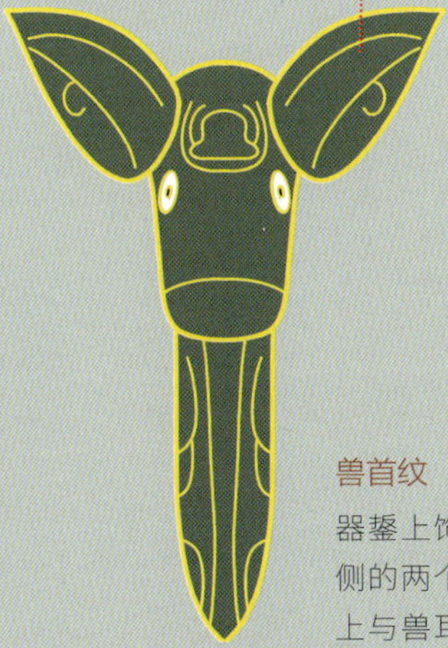

蕉叶蝉纹

三个三棱锥状足的外侧一面各饰一蕉叶蝉纹，蕉叶纹竖直向下，富有层次感；上部有蝉纹，与蕉叶纹可谓纹样动静结合。

兽首纹

器鋬上饰一兽首纹，兽耳宽大上扬，兽首两侧的两个小三角纹，似支撑起兽耳，在形状上与兽耳相互呼应，富有整体感。

造型 Style

“晨肇贮”铜角由器身、器盖两部分组成，直腹，圜底，有三足。器身中部呈弧形下凹，颈部下收，两条扉棱在口部两翼处呈钩形撇出，造型精美。

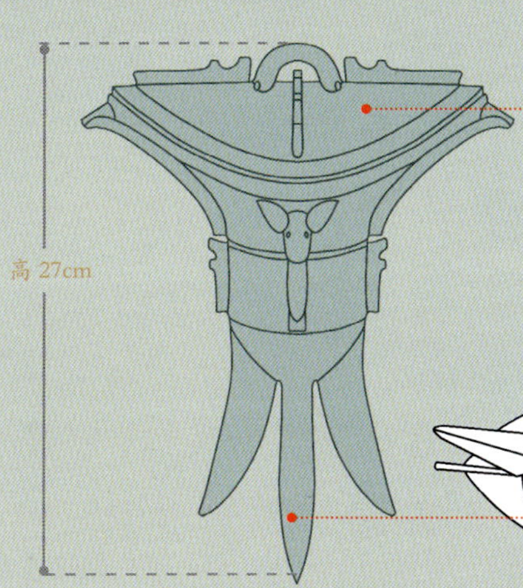

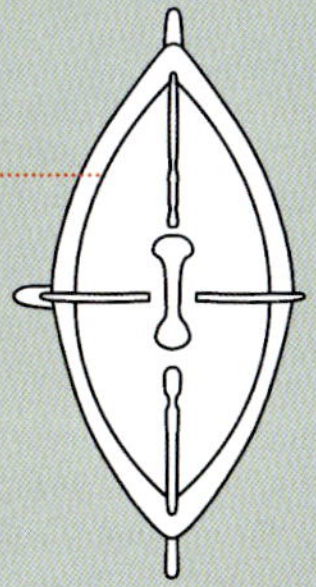

器盖呈屋脊状，以子口嵌入器身，顶部正中有一半环形钮。4条扉棱将器盖分为4部分，俯视视角下的器盖似船形，结构清晰。

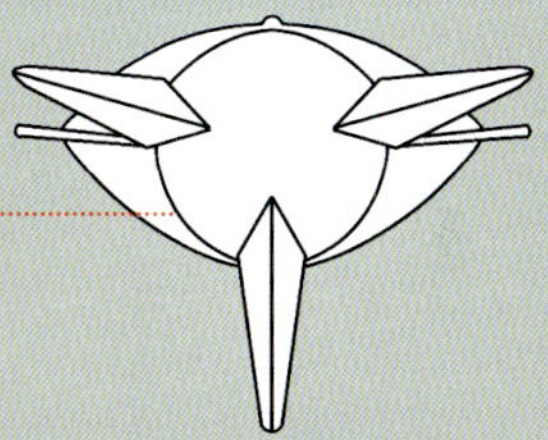

器身下有三棱锥状足，从圜底处延伸而出，足向外撇，内足线条圆润流畅，底部三足的位置与器盖对应，造型别致。

铭文 Inscription

该铜角的器盖与腹内壁对铭“晨肇贮用作父乙宝尊彝即册”12字，它是角、爵类器物中拥有10字以上铭文的极少数器物之一，具有重要的史料价值。

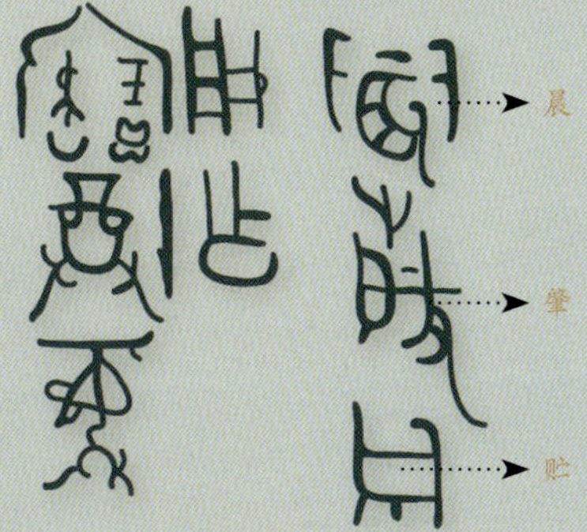

“晨”制作了这个珍贵的青铜礼器，用于存放或供奉，以纪念或尊敬其祖先“父乙”。这个铜器的制作和使用过程被详细记录下来了。

夔龙纹觚

● 天圆地方，世界就是我的模样。

西周时期 青铜酒器
山西博物院藏

“夔龙纹觚”，2006年出土于山西绛县横水倗国墓地。觚，为饮酒器，后多用作礼器。夔龙纹觚为圆口方足，分为明显的3部分。上部为敞口、长颈，其外饰蕉叶兽面纹，下饰凤鸟纹。中部为直腹，饰分解式兽面纹。下部为方足，饰凤鸟纹和牛首兽面纹。纹样四面相同，装饰统一，上下呼应。此觚为方觚，为觚中等级较高的一种，常出现于高级墓葬之中，供上层贵族使用。器物方足刻有9字铭文和族徽，表明了作器者的身份，并且人们以铭文为此器命名。整器造型体现了“天圆地方”的观念，是先民宇宙观在器物中的外化。

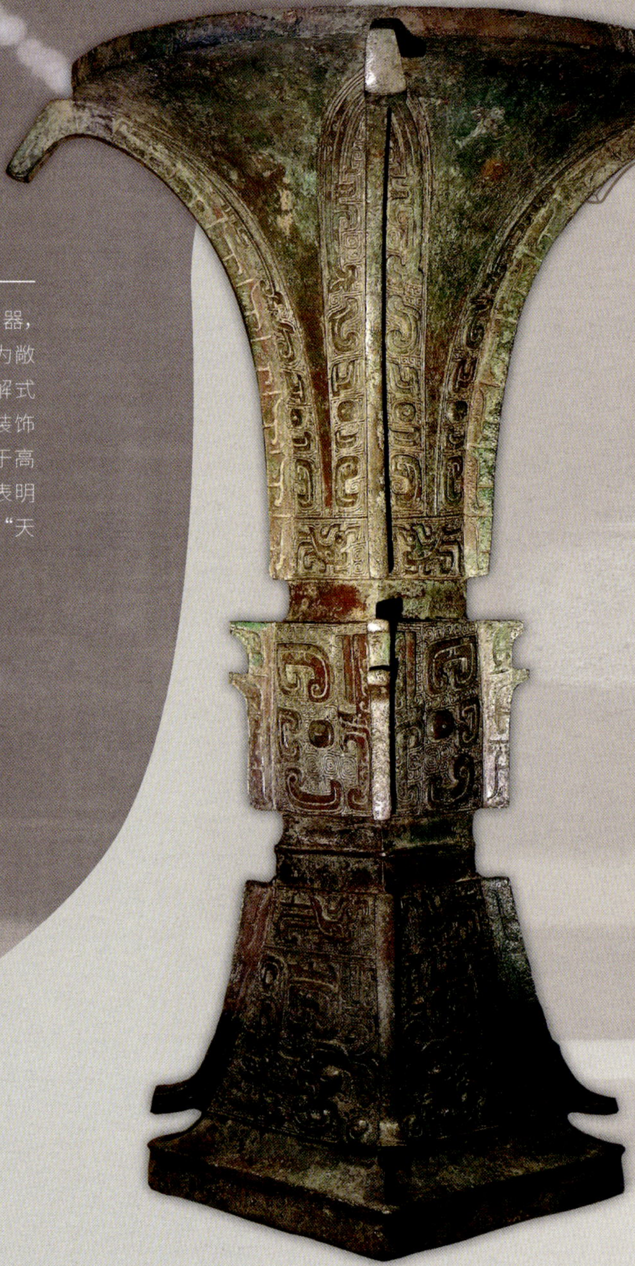

纹样 Patterns

夔龙纹觚整体以云雷纹为地，颈部饰蕉叶兽面纹，下饰凤鸟纹，腹部和方足皆饰有兽面纹，兽面形态各异，方足上方还饰有凤鸟纹。整器纹样精美大气，层次结构分明，装饰十分规整。

蕉叶兽面纹

颈部饰有4个蕉叶兽面纹，蕉叶以扉棱为中心对称分布，其以兽面纹为装饰，兽目位于下方，炯炯有神，气势高涨。

分解式兽面纹

腹部饰有分解式兽面纹，每两面构成一个完整的兽面形象，以简单的线条刻画出角、耳、嘴，造型简单，概括性强。

牛首兽面纹

方足处的牛首兽面纹更为华丽。鼻端向内卷，有吞云吐雾的气势；兽面宽长，有上扬趋势；双爪尖锐锋利，增加了威猛感。

功能 Function

觚早期多作为饮酒器使用，随着形制的演变，其发展为礼器，用于祭祀。

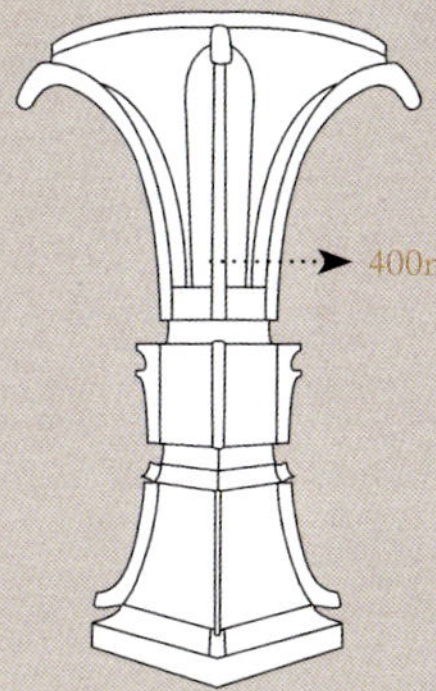

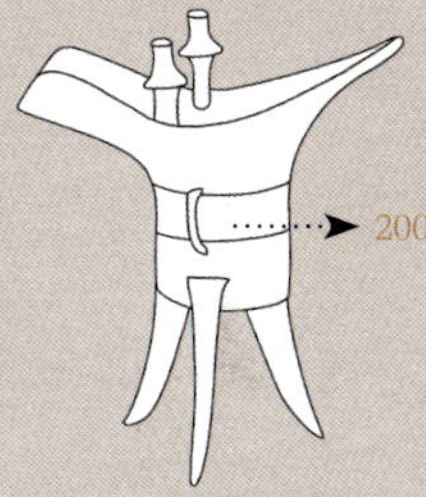

作为酒器的觚，高度大多在20cm以下，腹部较粗。此方觚呈拉长腹部造型，能容纳更多的酒，容量是大部分爵的两倍。

形制 Form

觚出现于商代早期，盛行于商代晚期，在西周时期逐渐衰退并消失。夔龙纹觚为敞口，长颈，直腹，方足，边沿加厚，四周出扉棱，具有商代晚期和西周早期的觚的形制特点。

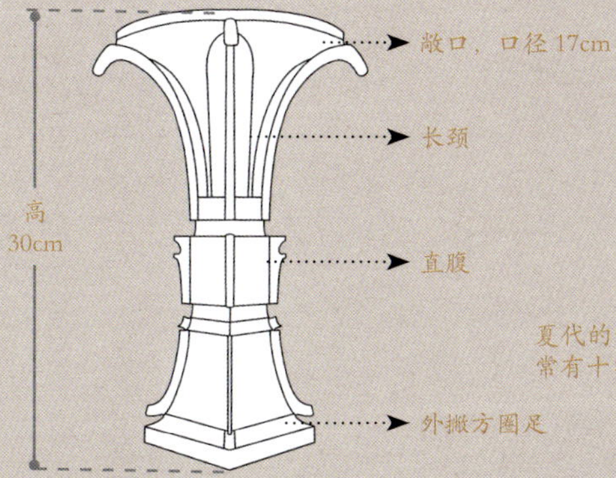

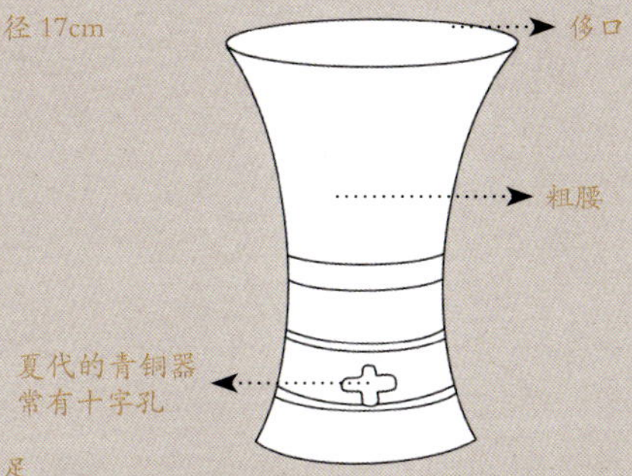

夏代晚期粗体觚

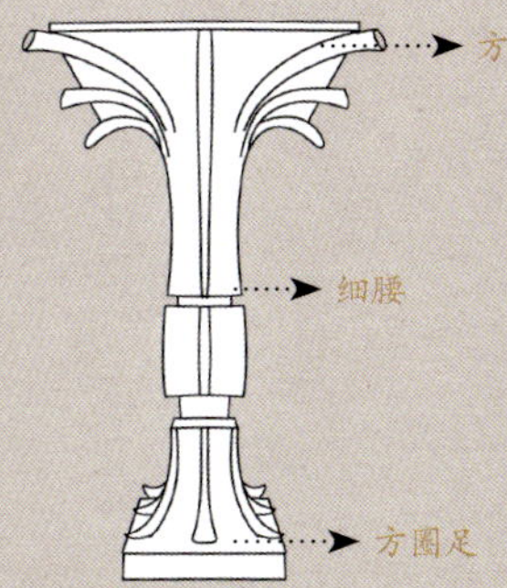

商代方觚

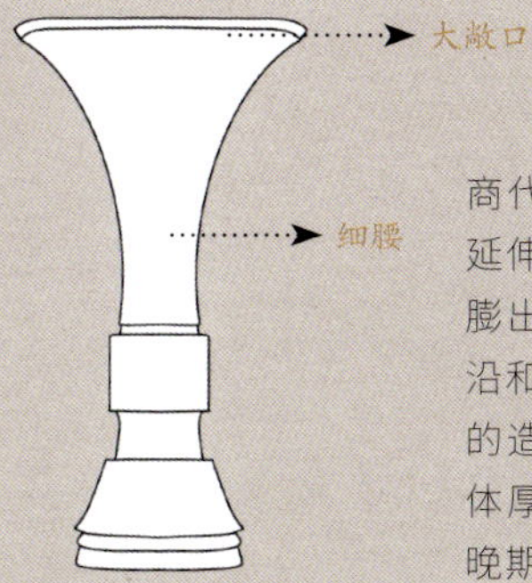

西周细体觚

商代早期颈部稍短，口沿向外延伸不大，商代晚期，觚腹加深膨出，觚身细长，中腰更细，口沿和圈足外撇，并有方口、圆口的造型区别。这一时期的觚胎体厚重。西周的觚延续了商代晚期的风格，腰腹细，口更为外敞，但可能棱角不甚明显。

父庚觯

● 高贵优雅，我为周人带来祥瑞。

西周早期　青铜礼器
上海博物馆藏

觯是饮酒器，源于远古时代用兽角制作的水器。从西周早期开始，凤鸟纹逐渐成为青铜器的主体纹样，数量增多。与商代的短尾凤鸟纹不同，西周时期的凤鸟纹多为长尾高冠，更加华美优雅，尤以周康王、周昭王时代的凤鸟纹最为著称。父庚觯是西周以凤鸟纹为主纹的青铜器代表作之一，得名于腹内底铭“作父庚”。此觯敞口，器型圆润，垂腹，细腰，高圈足，造型简约端庄。整器通体饰凤鸟纹，纹样上还残留着些许金色，可见其原始模样的华丽高贵。此觯采用了范铸法，铭文与器物同时成型，体现了西周高超的青铜器制作技术。

纹样 Patterns

父庚觯腹部饰有4个凤鸟纹，华丽精美；腹部与颈部交界处饰有小凤鸟纹。3段纹样以两道弦纹隔开，整器纹宽线细，疏密有致。

几何蕉叶纹

颈部饰4个几何蕉叶纹，蕉叶顶部距口沿有一定距离，这让装饰有一定透气感。几何蕉叶纹内饰三角纹、圆形卷纹，整体动态十足，十分和谐。

小凤鸟纹

腹部与颈部交界处有一圈小凤鸟纹，这些小凤鸟两两相对，似立于大凤鸟之上，尾下有羽形装饰。小凤鸟可爱俏皮，憨态可掬。

垂冠凤鸟纹

腹部饰对称的垂冠凤鸟纹，这些凤鸟昂首垂尾，眼睛圆睁突出，羽冠纤长，向下卷曲，单足立于器体之上，体态雍容华贵，神情肃穆。

造型 Style

青铜觯一共有两类，一类为扁体，一类为圆体，这两类青铜觯在商代晚期和西周早期皆有。父庚觯为圆体觯，细腰，腹微鼓，高圈足外撇，整体造型朴素又不失大气。

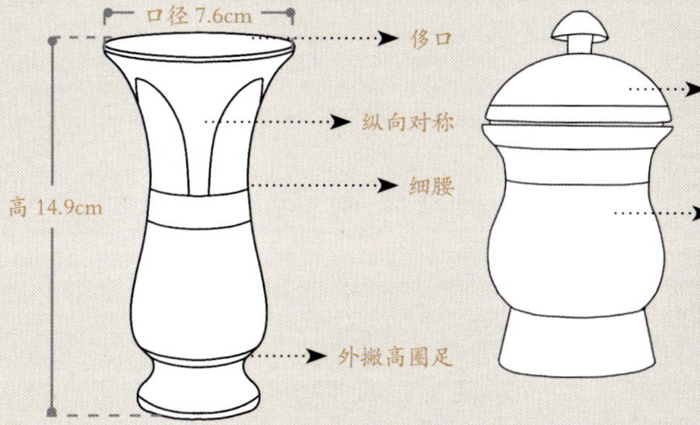

商觯多为侈口，圈足，深腹膨出，有盖。西周觯更为修长，类似于瓶，也有方柱形的。觯在春秋时期演化成长身，形状更像觚。

工艺 Technology

父庚觯采用范铸法制成，该器铸造时将铭文范嵌入母模之中，铭文和器物一次铸成，铸造技艺精湛，制器效率高。

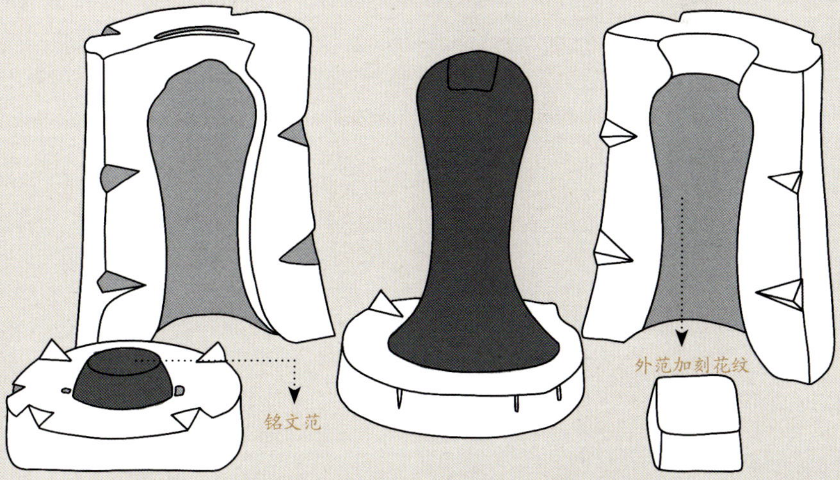

先制作母模，再翻制外范并加刻花纹，接着制作铭文范，适当刮薄泥膜，灌注铜液后打碎整范，最后取出器物进行打磨。

兽面纹斝

为皇家御用，展尊贵地位。

商代晚期 青铜礼器
山西博物院藏

兽面纹斝的出土地点尚不明确。青铜斝，是古代先民用于盛酒、温酒的器物，由新石器时代的陶斝发展而来，出现于夏代晚期，商汤王打败夏桀之后，将青铜斝定为御用的酒具，也将其用作礼器。此器敞口，上设菌状双柱，颈部向内微收，腹微鼓，底部有三棱锥状足，有一兽形鋬，扉棱发达。菌状立柱上饰三角纹，腹部饰有兽面纹，上饰4个三角纹，整体纹样复杂而精细，具有商代晚期风格。此斝造型庄重，足部背面仍留有范土形成的凹槽，这为青铜器的铸造步骤提供了证据。

纹样 Patterns

兽面纹斝纹样神秘大气，腹部上端与菌状柱饰有三角纹，腹部饰有兽面纹。以云雷纹为地，整体纹样上下呼应，十分精美。

三角纹

兽面纹斝的菌状柱中部饰有三角纹，纹样底部向内卷曲，类似云纹。下有双弦纹，双弦纹下方的纹样卷曲有致。

兽面纹

腹部兽面纹以鼻梁为中线，左右对称，兽角内卷，细密规则的线条突出神秘庄重的风格。兽面上方的一排三角纹似乎是兽的王冠。

功能 Function

斝是一种酒器，也是一种礼器，造型与爵相似。作为礼器，斝常与盉、爵组合为一套使用。

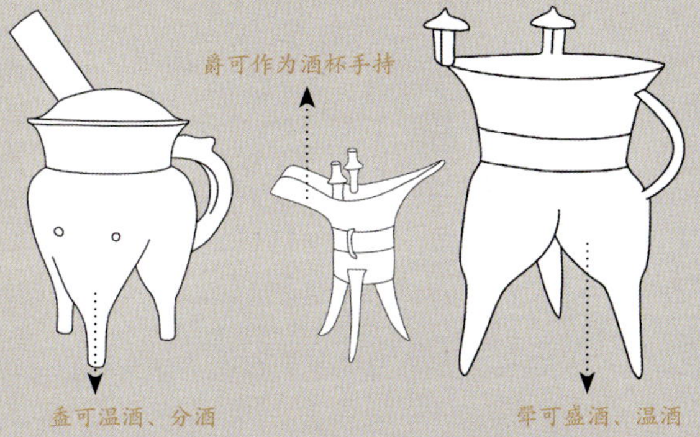

爵、盉、斝的共同特点是均有鋬，三足而立。它们的不同点在于爵鋬与流口近似呈直角，爵的容量较小；而盉鋬与流口近似呈一条直线，斝则无流口，且盉、斝的容量往往较爵更大。

形制 Form

青铜斝盛行于商代晚期至西周中期，其基本形制为侈口、口沿有柱、宽身和长足。青铜斝的种类多样，器身有圆有方，部分带盖。商代早期的青铜斝轻薄，纹样简单；商代中期至西周早期的青铜斝厚重，纹样繁复。

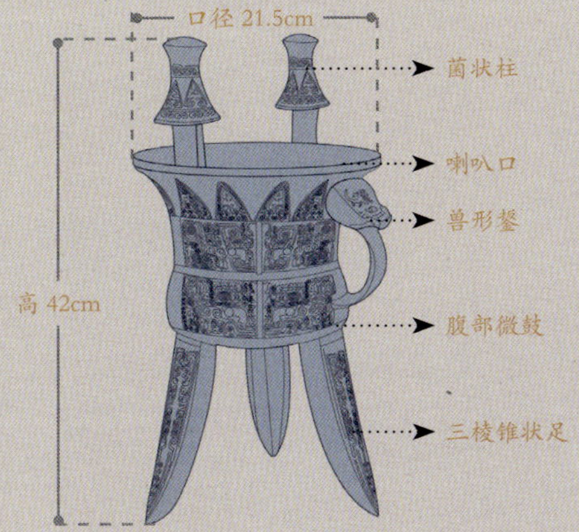

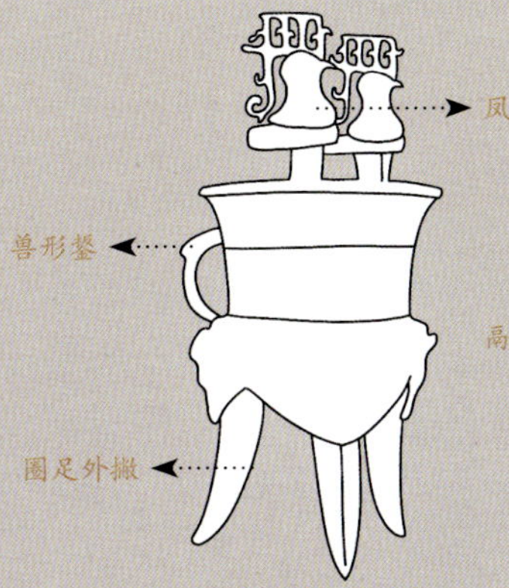

高形凤柱三足式

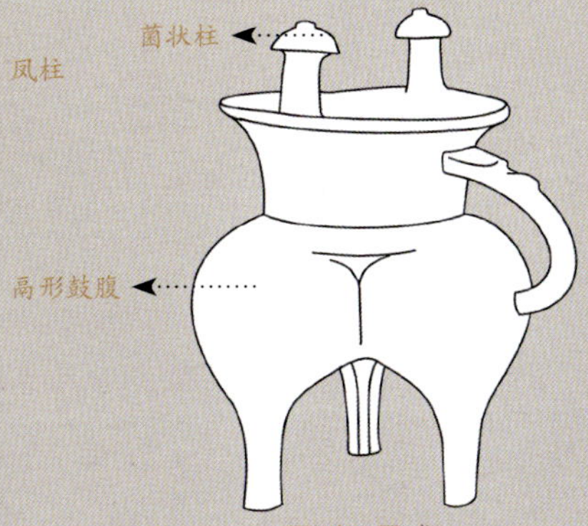

鬲形三足式

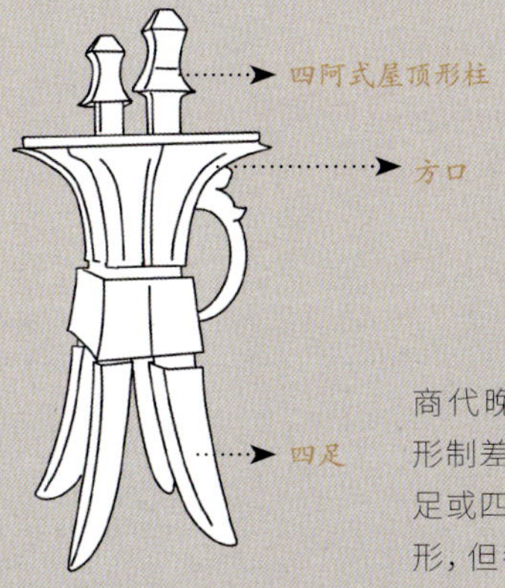

方形四足式

商代晚期的青铜斝形制差别大，分为三足或四足，鬲形或方形，但都有侈口、兽形鋬等。

虎食人卣

● 人兽共处，沟通天地，我是人的自我与具有神性的动物的统一。

商代晚期 青铜酒器
日本泉屋博古馆、法国赛努奇博物馆藏

虎食人卣为盛酒器，共两件，后来都流落国外，分别藏于日本泉屋博古馆与法国赛努奇博物馆。此卣通体呈虎形，虎前爪抱持一人，张口欲食人首，人脸向左偏，双臂抱虎，人足踏于虎足之上。虎后肢和虎尾一起构成此卣的3个支撑点。此卣有提梁，背上有盖，盖上为站立的鹿。整体造型奇特。器身上集中多种动物纹样，兼有圆雕、浮雕、线刻等形式，富有神话色彩。作为一件礼器，虎食人卣是贵族阶层的象征，以虎作为表面纹样，显示了贵族阶层的威严。

纹样 Patterns

虎食人卣以云雷纹为地，提梁两头有兽首，提梁上饰长形纹，虎颈两侧有鳞纹，人手饰蛇纹。器口有长形卷鼻夔纹，虎前足外侧饰顾首龙纹，虎背上饰牛首纹。整器纹样丰富，刻画生动。

顾首龙纹

虎前足外侧饰有顾首龙纹，由虎之背延伸至人手臂处。龙首有角，龙角后饰羽冠，大龙之足处有一条小龙，张口向大龙之足咬去。

牛首纹

虎背上饰牛首纹，眼、耳、鼻凸出于器表，下垂象鼻作为虎尾，并饰鳞纹，扉棱置于虎尾之上，有折钩。

游龙纹

器物底部有阴线纹样，中间为拥有“瓶”形角的游龙，两侧各有一鱼纹。龙首向前，鱼首向后，鱼龙摆动，似在潜泳。

虎纹

虎后足上饰虎纹，虎头饰羽冠，虎口向下大张，尾巴微卷，背上有一向上的折钩。

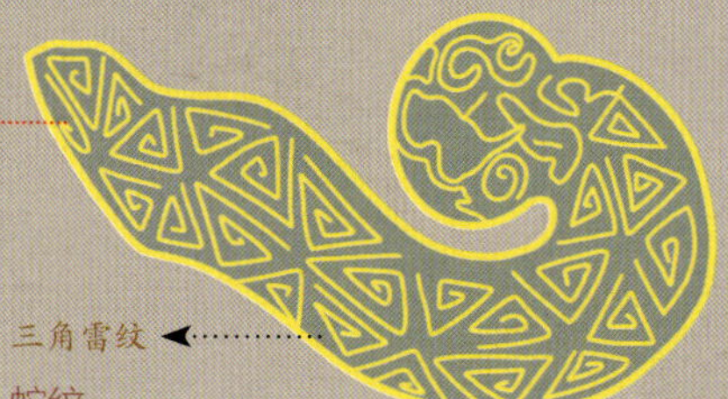

蛇纹

人的大腿至臀部处饰有一蛇纹，蛇头反转，尾巴向内卷曲，蛇身中部有一条凸出的中线，中线两边分布着三角雷纹。

造型 Style

卣是盛酒器，盛行于商代和西周，圆口，圈足，有盖和提梁，腹深。商代的卣多为椭圆形或方形，西周的卣多为圆形。

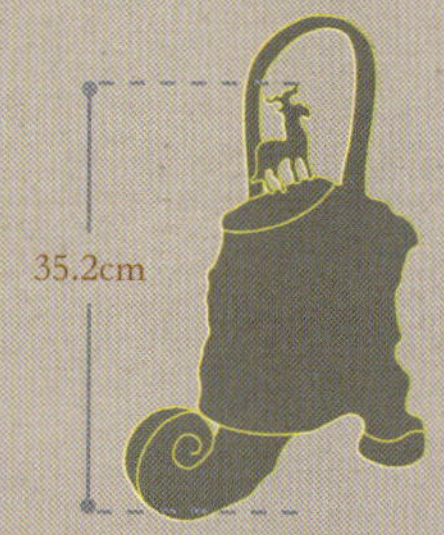

法国赛努奇博物馆

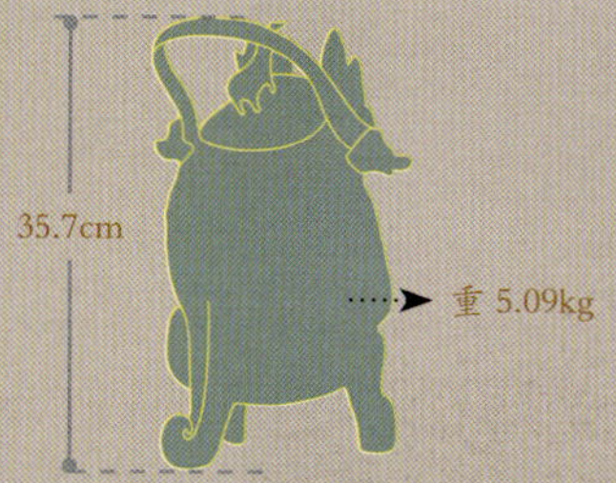

日本泉屋博古馆

虎食人题材大体分为两类。一类是两虎食人，另一类为一虎食人，虎多写实。虎食人卣这种兽上立人的造型多见于南方。

法国赛努奇博物馆

日本泉屋博古馆

日本泉屋博古馆的虎食人卣中的人背上有小饕餮纹，法国赛努奇博物馆的则为雷纹，且虎的双爪相距甚近。日本泉屋博古馆的虎食人卣的器尾从器身延伸出来，细长微卷；法国赛努奇博物馆的器尾位于器外，卷曲弧度更大。

青铜缶

逨盘

永盂

西周虢季子白盘

第三章 水器

周人重仪式、讲礼仪，对于神灵异常尊重和推崇，祭祀前，他们会去尘净身，于是，盥洗礼应运而生。『盥洗』，是洗手和洗脸的统称，通过盥洗洗去脏污，可表达对祭祀仪式的高度重视。加之周王对饮酒的禁令，此时，人们对盛水所用的器皿的需求增加，青铜水器大量产生，大致可分为承水器、注水器、盛水器和挹水器4种，器型包括盘、匜、盂、鉴、盆等，因大部分水器用于盥洗，水器又被称为『盥器』。在盥洗礼的影响下，大量青铜水器得以留存，同时也展示了中国自古以来对礼节的重视。

齐侯匜

晋公盘

永盂

● 山珍海味，通通装入我的大肚子中吧。

西周时期　青铜食器
西安博物院藏

永盂，1969年于陕西蓝田出土。青铜盂为古代大型食器，亦可用来盛水或盛冰，造型与有附耳的簋类似，但器型更大，其常与簋搭配使用。此盂侈口直腹，圈足较高，饰有一对附耳，附耳下方与圈足饰有扉棱，造型浑厚。整器纹样精美，饰有饕餮纹、蕉叶蝉纹等，线条遒劲有力。内底铸有一篇长达123字的铭文，其记载了益公传达周王的命令，为一个叫永的人分土地的完整过程，并且有几个人在场听命。这篇铭文为研究西周的土地分封制度和人物的政治地位提供了珍贵的史料，永盂的名字也来自此铭文。

纹样 Patterns

永盂以细雷纹为地，器腹上部与圈足饰有饕餮纹，器腹下部饰蕉叶蝉纹，两附耳的中间饰有卷鼻象首，象首上方有浮雕兽面纹。整器纹样繁而不杂，装饰松弛有度，彰显出周人的审美趣味。

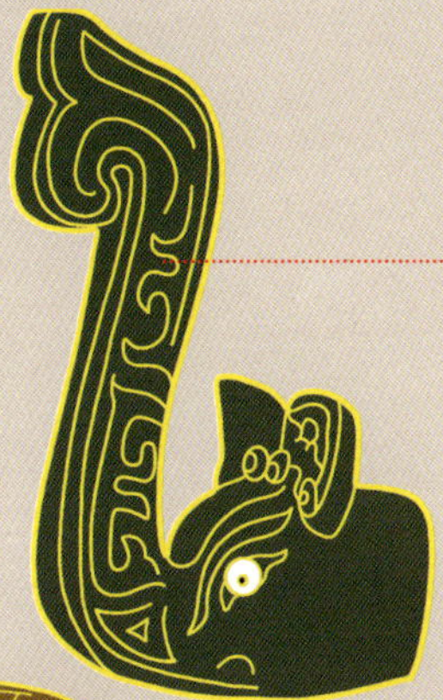

卷鼻象首纹

象鼻高耸直立，鼻头内卷，象耳方正，线条刚劲，使象看上去气势磅礴。

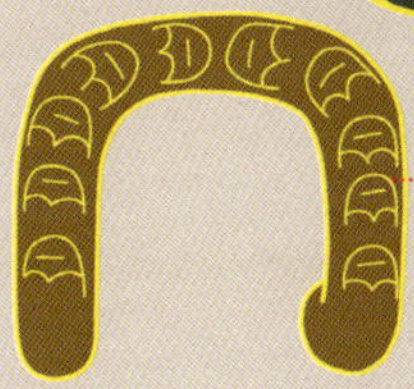

重环纹

附耳上饰有重环纹，单片排列向附耳中心靠拢，增加了器物装饰的方向动感。

蕉叶蝉纹

蕉叶蝉纹呈中轴对称状，左右依次排开，匀称和谐。

变形饕餮纹

器腹上部与圈足的饕餮纹解体变形，以半边兽面连续排列，奇特而有趣。

造型 Style

青铜盂最早出现于商代晚期，盛行于西周时期，在春秋时期至汉代也有发现。青铜盂多为圆形敞口，口沿较宽，方唇，深腹，平底，圈足。永盂为侈口，直腹，底部内收，高圈足，是西周时期的大器。

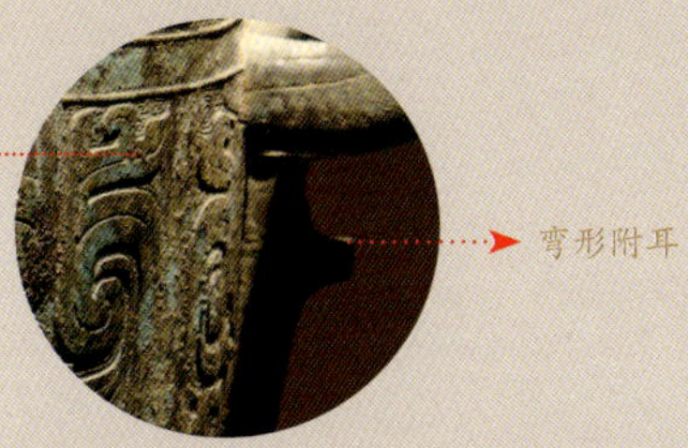

青铜盂的耳部按照形制可分为两类，一类为弯形附耳，另一类为半环耳。

铭文 Inscription

内底铭文12行，共123字，完整记述了西周授土的过程。该铭文的句法特殊，在西周铭文中不多见，史料价值极高。

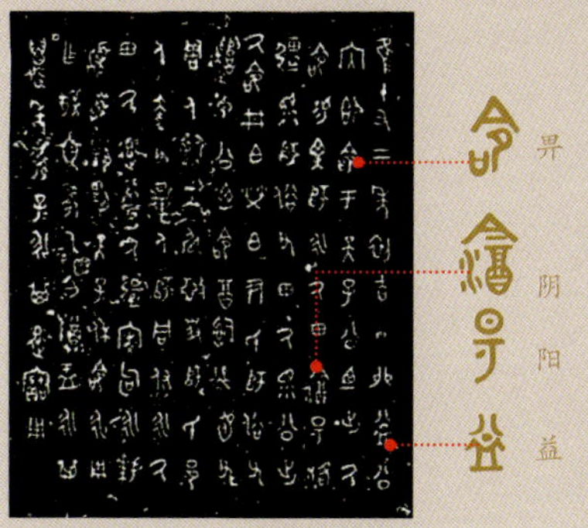

铭文中出现了如邢伯、荣伯、尹氏、师俗父等身份各异的人的名字，体现了当时社会的政治结构和权力分配。同时，它也反映了周王朝对土地所有权的重视和赐田程序的规范性。

齐侯匜

掬一捧清水，浩净掌心，示虔诚内心。

春秋早期　青铜水器

上海博物馆藏

齐侯匜是目前发现的西周青铜匜中最大的一件，1951年由沈同樾、顾榴、顾佛等人捐赠。周人十分注重净手，饭前、祭祀前均需盥洗净手。青铜匜经常与盘配套作为盥洗器来使用。整器器型硕大，器身呈椭圆形，通体饰平行条纹，鋬为龙探水状，下饰四个龙形兽足，造型大气华贵，纹样精美简洁。在古代神话传说中，龙是水神，作为水器的青铜匜便常饰龙纹。此匜腹底有4行铭文，说明该器是齐侯为虢君女儿所铸的，齐侯匜是虢国与齐国联姻的见证，是春秋时期政治联盟的产物，具有独特的礼制内涵。

造型 Style

青铜匜最早出现于西周中期，流行于西周晚期和春秋时期。整体造型似瓢，前有流部，后有鋬，底部接铸三足或四足。早期形制接近兽形，战国晚期多见平底无鋬匜，此后，青铜匜逐渐衰落。

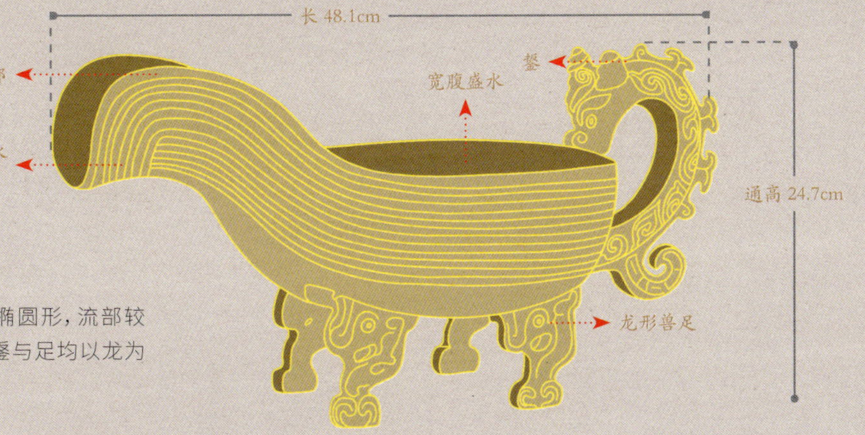

齐侯匜器身为椭圆形，流部较宽，向上昂起，鋬与足均以龙为造型而设计。

功能 Function

两周时期，匜常与盘一起搭配使用，是贵族举行礼仪活动时用于浇水的器具。战国时期礼崩乐坏，匜的实用性加强，其可用于舀水。

行沃盥之礼时，常由长者执匜，少者奉盘，在礼仪活动开始之前，让使用者洗手。

纹样 Patterns

齐侯匜的器腹饰有横条勾脊纹，纹样从上至下整齐排列，顺滑而流畅，增加了整器的流动感与线条感。后有一龙形鋬，下饰4个龙形兽足，整体装饰简洁大气。

"C"形龙纹

器身后端的鋬作龙探水状，双角呈螺旋状，龙尾卷曲，使龙显得灵动且富有生机。

象鼻变形龙纹

器底的4个龙形兽足扁平，足外侧的龙俯首曲体，仿佛承载整个器身，显得魁伟庄重。

背景 Background

周人重礼仪，举行婚礼之前需行沃盥之礼。齐侯匜便是虢国与齐国联姻时，齐侯赠送给虢君女儿的礼物，既符合礼数，也彰显了诚意。

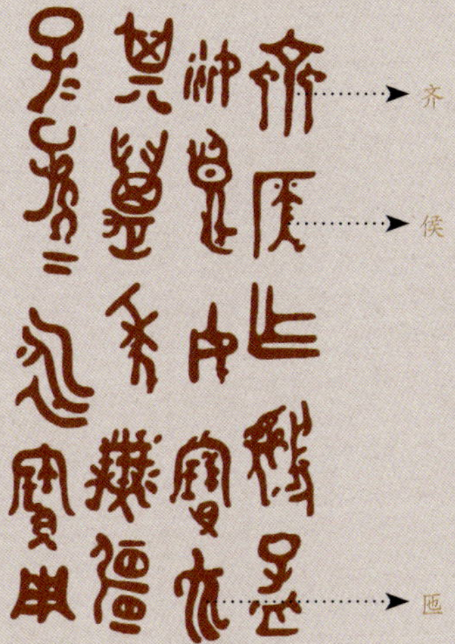

《左传·僖公二十三年》有"奉匜沃盥"的记载，"沃"指浇水，"盥"指洗手洗脸，"奉匜沃盥"就是在祭祀或其他重大典礼之前的重要礼仪，流行于西周，直至战国以后，才逐渐被废除。

腹底铭文共22字，内容为：齐侯乍（作）虢孟姬良女宝匜，其万年无疆，子子孙孙永宝用。

逨盘

- 我是单氏一族的荣耀，也见证了西周王朝的兴衰。

西周晚期 青铜水器
宝鸡青铜器博物院藏
第三批禁止出国（境）展览文物

逨盘，2003年出土于陕西宝鸡眉县杨家村窖藏。青铜盘最早出现于商代早期，盛行于西周晚期，至战国晚期衰落。逨盘器型厚重，方唇，折沿，浅腹，附耳，圈足下附4个兽足。器身装饰的窃曲纹整齐排列，充满节奏感。盘内铸铭文21行372字，是新中国成立以来出土的铭文最长的青铜盘。铭文记述了单氏家族8代人辅佐周天子征战、理政、管治林泽的历史，列出了12位周天子的世系，对“夏商周断代工程”所拟定的“西周年表”做出了检验，堪称一部“青铜史书”。

纹样 Patterns

逨盘的器腹与圈足处饰有窃曲纹，铺首为一兽首衔环，足以兽为形。整体纹样简洁有序，利落大方。斑驳的锈迹增强了纹样的古朴庄严之感，使器物更显大气。

窃曲纹

纹样由两条两端回勾的线组成，转折处内圆外尖，圆与方巧妙配合。

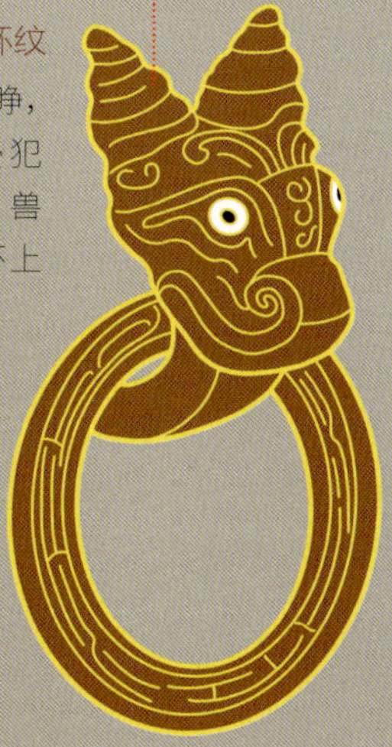

兽首纹和重环纹

兽的两眼圆睁，具有不可侵犯的威严之感，兽角似海螺。环上饰重环纹。

兽足纹

兽面附于圈足表面，鼻梁挺立，大耳下垂，足顺势向下延伸，线条自然流畅。

造型 Style

青铜盘的常见形制有圆盘、浅腹、有耳或无耳，商代至春秋时期的青铜盘多有圈足，战国时期之后的青铜盘多无圈足。逨盘有方唇、折沿，方形附耳高于口沿且外撇，圈足下附兽足。

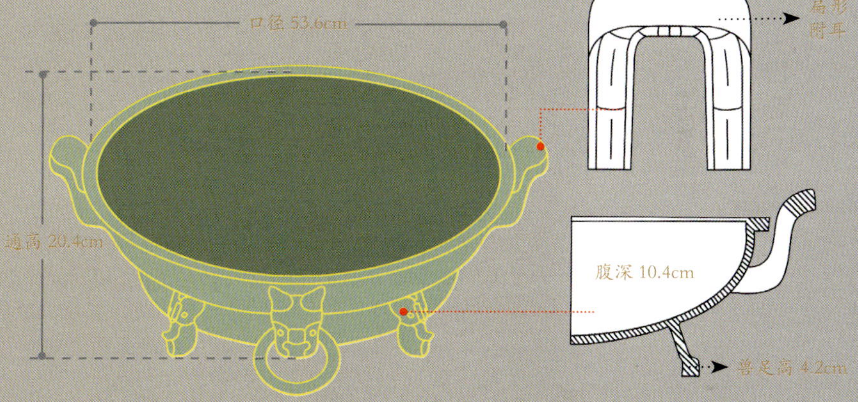

背景 Background

盘内铭文记载了单氏家族从单公到逨8代人分别辅佐周文王至周宣王12位周王的历史，将周天子的伟绩与单氏家族的功劳结合起来。

文王、武王	单公	皇高祖
成王	公叔	皇高祖
康王	新室仲	皇高祖
昭王、穆王	惠仲盠父	皇高祖
共王、懿王	零伯	皇高祖
孝王、夷王	懿仲	皇亚祖
厉王	龚叔	皇考
宣王		逨

皇是对先祖的敬称，高祖不是单指曾祖的父亲，而是对包括始祖在内的所有远祖的称谓。

铭文记述西周王室变更，从铭文内容可知，被敬称为皇高祖的前五世是包括始祖在内的高远之祖。而单公为一世祖，是开宗之祖。

“虢季子白”青铜盘

● 我是珍宝，就算成为马槽也会高唱清脆之歌。

西周时期　青铜水器
中国国家博物馆藏
首批禁止出国（境）展览文物

“虢季子白”青铜盘，清道光年间出土于陕西宝鸡虢川司（今属宝鸡市陈仓区），新中国成立之后，由刘铭传的子孙将此盘捐赠给国家。此盘由虢季子白铸造，其名称便来源于此。整器造型似一个大浴缸，呈圆角长方形，四壁各饰一对兽首衔环耳，下有4个矩形圈足，器型庞大，此盘是目前所见商周时期最大的水器。当年要挪动这个铜盘，必须由七八个壮汉一起用力才行。盘内底部铭文记录了虢季子白荣立战功，受王封赏的历史。铭文文辞优美，如藏在盘中之诗，展现了中国文字简约的魅力。整器庄严厚重，纹样优美，被誉为西周三大青铜器之一。

造型 Style

虢季子白盘器型硕大，呈长方形，直口，方唇，器腹微鼓，腹壁斜向下内收，口大底小，避免了粗重之感。四壁各有一对兽首衔环耳，下有4个矩形圈足。整器造型奇特，古朴大方。

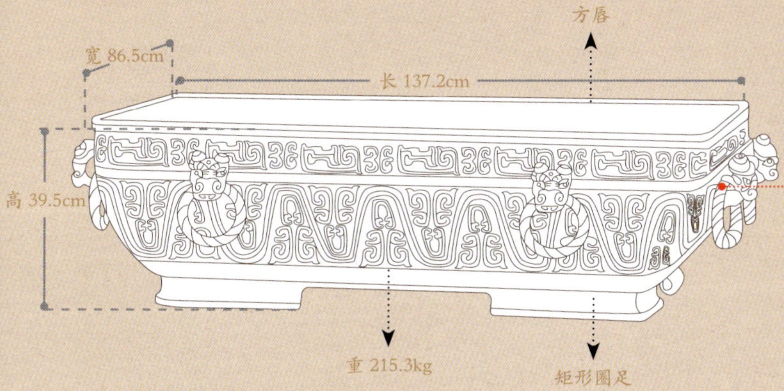

环耳呈绳索形状，用于套上绳索挪动铜盘，可以使铜盘移动时更加稳固。

铭文 Inscription

盘内铭文共111字，讲述了虢季子白奉命征伐玁狁，获得胜利，周宣王为其庆功设宴，赏赐其弓马之物，虢季子白以此为荣，于是作此盘留作纪念。

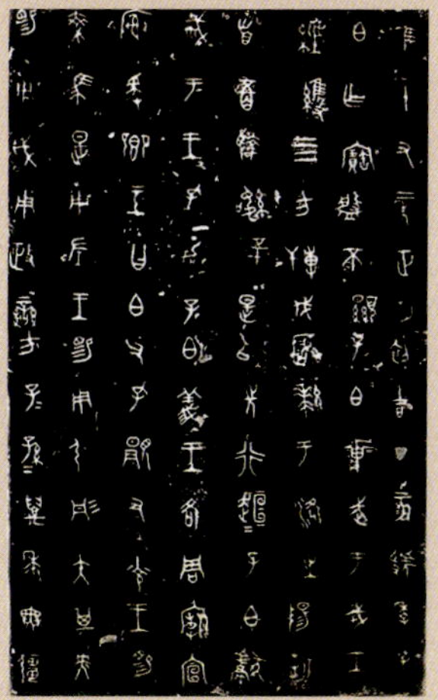

铭文线条流畅，字形结构简练细密，章法疏朗，堪称铭文中的绝品。

纹样 Patterns

虢季子白盘四壁外侧通体饰纹样，器口缘下部环饰窃曲纹，器腹环饰波曲纹。不同于早期青铜器上繁缛复杂的兽纹装饰，此器纹样精简美观，又不失敦厚大方、庄重肃穆的西周神韵。

窃曲纹

窃曲纹呈“S”形倒置，是兽纹的简化形式，兽目装饰于线条之中，与线条相连。

波曲纹

器腹的波曲纹宽大，起伏有致，似模拟水纹在盘中晕开的状态，富有动感。

背景 Background

太平天国时期，陈坤书镇守的常州失陷，他在逃亡之际，将虢季子白盘伪装成马槽置于臭烘烘的马厩中。

夜晚战马吃草时，头上的铁环碰到马槽，发出如刀剑碰撞的声响，虢季子白盘因此被正在夜读的刘铭传发现。

晋公盘

体验池塘雅趣，做嫁妆界的天花板！

春秋时期 青铜水器

山西博物院藏

晋公盘出土后被贩卖出国，2019年由山西警方成功追回。晋公盘是晋文公送给大女儿孟姬的嫁妆。此器平底浅腹，下设3个人形足，造型华美，纹样精致，盘中饰数十只浮雕、圆雕动物，这些动物都可360度旋转，水鸟的嘴部有可以开合的铰链结构，乌龟的头部可以伸缩。当水流倾泻下来，水鸟盘旋，鱼儿游泳，晋公盘如同一个生机勃勃的夏日小池塘，彰显了春秋时期高超的铸造工艺，体现了作器者的制作巧思。盘底的铭文内容丰富，字体秀美。晋公盘从侧面反映出晋文公时晋国的盛世气象，同时展现了一代霸主在女儿面前的柔情。

纹样 Patterns

盘外饰蟠螭纹，盘内饰浮雕蟠龙纹，乖巧可爱的圆雕动物与威严有气势的蟠龙纹形成反差又相辅相成。

蟠螭纹

盘外的蟠螭纹共29组，每组纹样中心对称。两条蟠螭缠绕在一起，一改单个纹样呆板的样式，给人立体感，使得纹样更加生动活泼。

浮雕蟠龙纹

精美的浮雕蟠龙纹在盘内呈圆形盘绕，双龙的中央有一立体水鸟。整器以双龙为中心展开构图，将浮雕蟠龙纹置于中心，显示出双龙的威严。

造型 Style

晋公盘平底浅腹，上饰方形双附耳，下设3个人形足，盘内有数十只可旋转的浮雕、圆雕动物，这些动物沿圆形向外整齐排列，层次分明。动物造型小巧精致，整器造型生动活泼。

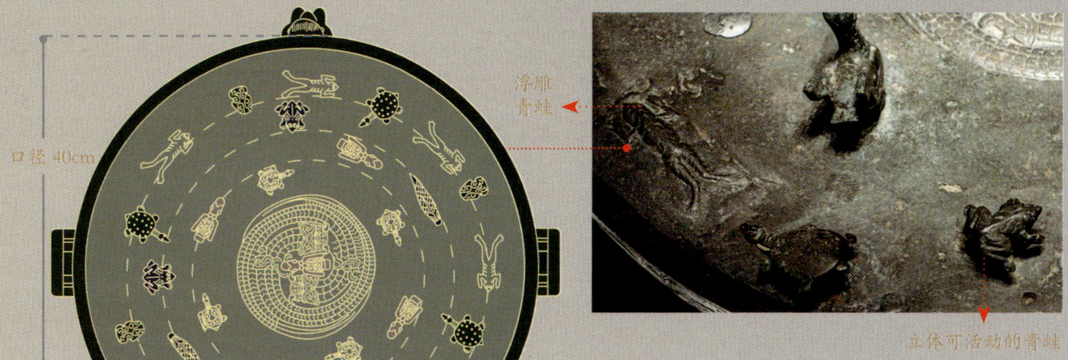

双龙之外有4只水鸟和4只金龟，再向外有3只圆雕动物和3条游鱼，最外圈有4只蹲姿青蛙、7只游泳青蛙和4只爬行乌龟，此种设计寓意多子多福、多康多寿。

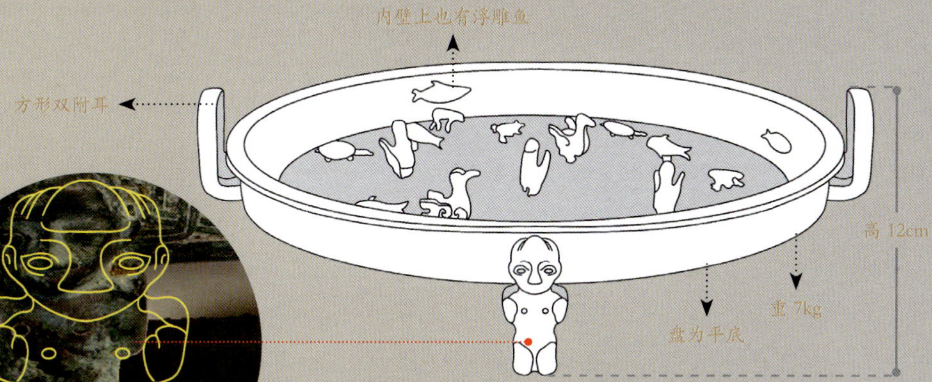

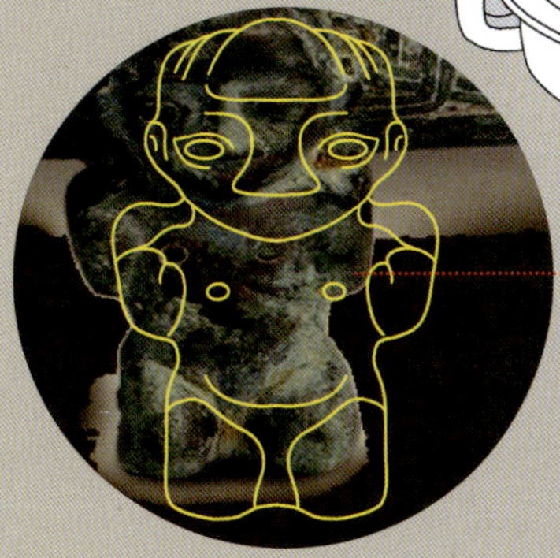

盘足为人形，人头靠着盘壁，双腿半跪在地上，双手朝后托住盘体，以肩扛盘，人面上额较厚，嘴、下颌和颈部略薄，造型设计颇有特色。

工艺 Technology

晋公盘整体采用分铸铸接的制作方法：首先制作动物附件，然后将其放入陶范中，再把动物体内的轴与盘体进行铸接。晋公盘的制作方法反映了化整为零的理念，用分铸取代浑铸，用铸接取代焊接，充分体现了春秋时期高超的青铜器铸造水平。

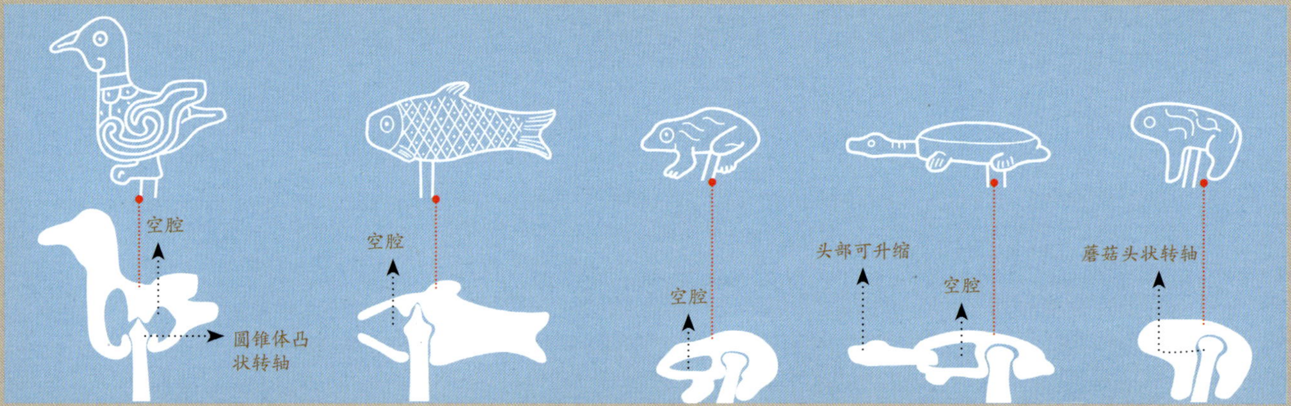

铸造圆雕动物时，先铸立柱，再把立柱的上端包裹在动物的内腔里，立柱头部与动物内腔之间留有空隙，确保动物可以自由转动且倒置时不会掉落。

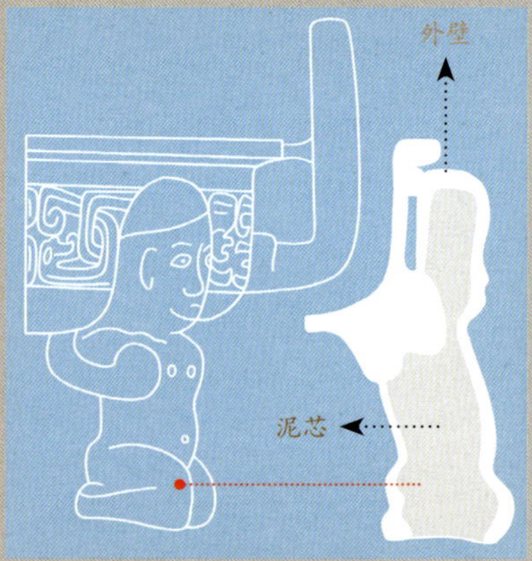

3个人形足均为整体，内部随足形设有泥芯，足铸好后，采用分铸铸接的方法与盘体连接，这属于“榫式焊接”，能增加足的连接强度，有利于支撑盘的重量。

铭文 Inscription

晋公盘的立壁铸有7处铭文，共183字，这些铭文介绍了先祖建立晋国，晋文公的父亲开疆拓土的功绩，表明了晋文公自己秉承先祖遗志，让万邦臣服的心愿，并介绍了女儿孟姬远嫁楚国的来龙去脉，包含了丰富的历史信息。

晋公盘上的铭文是先在泥模上书写，然后翻范铸造而成的，并巧妙地设置于内壁上。单字笔画饱满有力，整体运笔富有韵律，真实地反映了书写者的写字技巧和书法意趣。

青铜冰鉴

● 战国人爱冷饮，我为大家制冰酒。

战国时期 青铜水器
中国国家博物馆藏

青铜冰鉴，1978年出土于湖北随县擂鼓墩1号墓。鉴为古代盛水或冰的器皿，流行于春秋战国时期，是由陶盆发展而来的。《周礼》中记载“春始治鉴”，注中解释：“以盛冰，置食其中，以御温气。”青铜冰鉴由青铜方鉴、青铜方尊缶组合而成，可一器多用，在盛水的同时，亦可以对食物、酒进行冰镇或保温。青铜冰鉴的发现证明了冷饮的出现不晚于战国时期。此鉴为正方形，直口，方平唇，沿外折短颈，深腹，下腹内敛。通体装饰华丽的纹样，样式精美。青铜冰鉴的造型还被运用到了2008年北京奥运会开幕式的表演之中。

青铜冰鉴纹样繁丽，周身装饰着交错镂空的纹样，鉴身四周饰以带状的蟠螭纹、勾连云纹，腹下部饰有蕉叶纹。纹样纵横相交，相互缠绕，铸刻异常精细，使得整器充满艺术韵味。

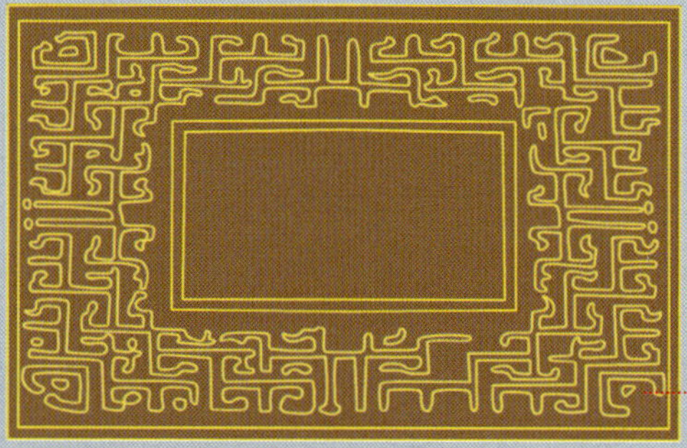

勾连云纹

鉴盖口沿处饰以精美的镂空勾连云纹，纹样呈“T”形转向相接，层次分明。

蟠螭纹

鉴盖上布满蟠螭纹，混杂着勾连云纹，精密的线条营造出整齐的序列感。纹样整体繁复冗杂，线条交错盘绕，富有动感。

花卉龙纹

鉴体共有8个龙形耳，鉴壁的龙形拱曲，龙攀附于鉴身上，龙身刻有细密的鳞片，尾部缠绕着小龙，其上有两朵五瓣的小花作为点缀，样式精美。

龙耳兽首纹

耳部的兽首与接檐相贴合，兽面朝上，圆眼大睁，似在守护鉴内美酒。

变形龙纹

足为龙首兽身，龙向外张望，后肢蹬地，栩栩如生，威武自然。

功能 Function

青铜冰鉴是实用器，具备双层结构，鉴内套有缶。此鉴的工作原理，是靠装在鉴内的缶四周的冰块，使缶中的食物、酒水降温。鉴内也可以装热水用于保温。

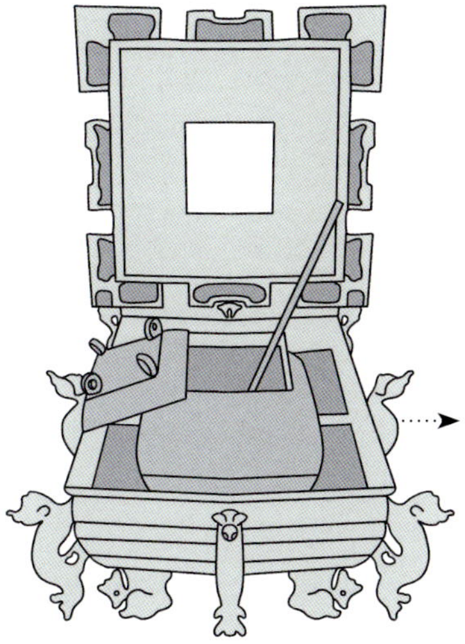

青铜冰鉴配套的长柄青铜勺足以探到尊缶内底，灌或舀酒或水，只需打开缶盖即可。

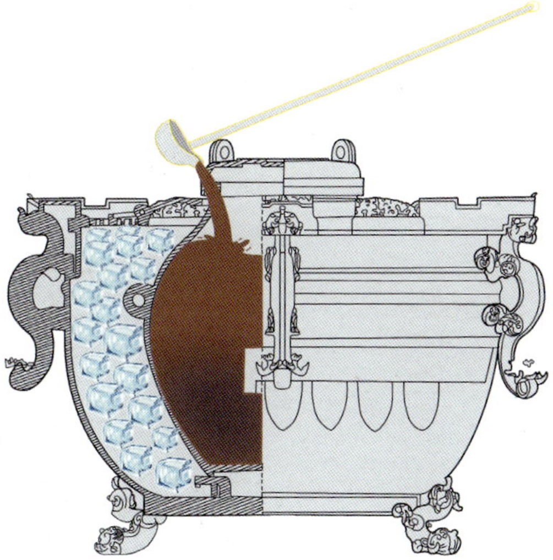

缶的外壁和鉴的内壁之间有很大的空间。

造型 Style

铜鉴形制比较单一，多为圆体，青铜冰鉴这样的方形器较少见，此器结构复杂，体态厚重。

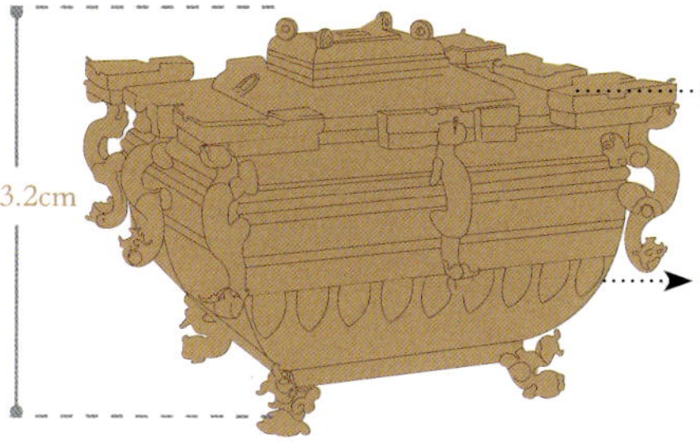

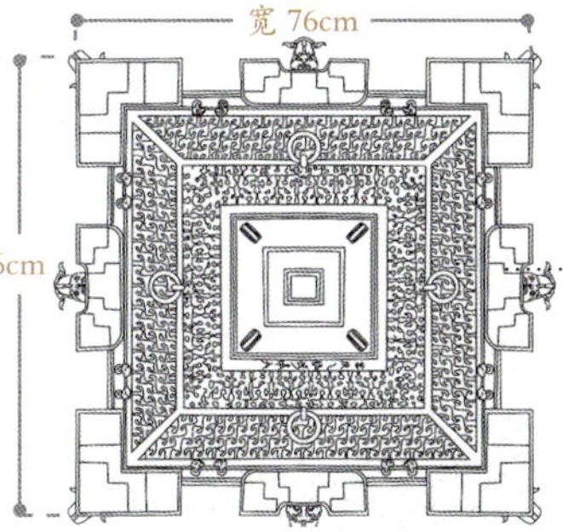

工艺 Technology

青铜冰鉴的主体由器物本身、装饰附件、镂空附饰3部分组成。器物本身使用浑铸法铸造，装饰附件使用分铸法铸造，镂空附饰则使用失蜡法熔模铸造，整器的铸造结合了多种工艺，制造技术精湛。

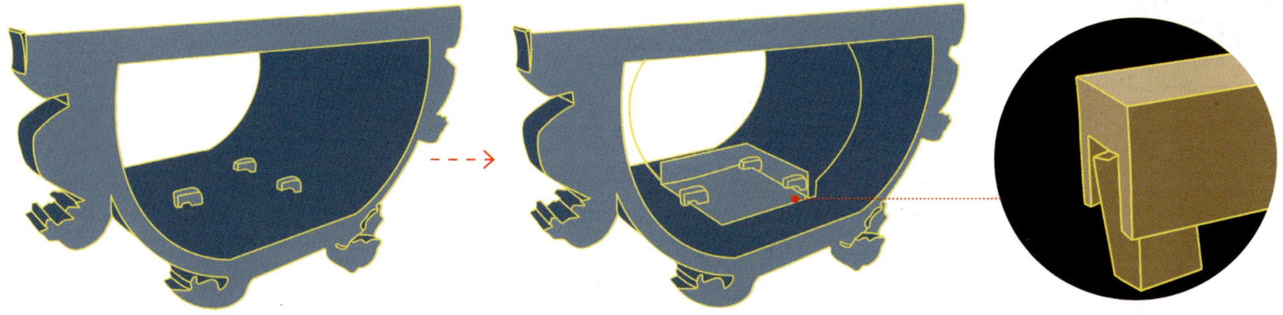

无论是冰块融化，还是热水注入，都会产生一定浮力，从而影响缶的稳定。青铜冰鉴内底的栓钩能插入缶足，把缶固定住。其中一只栓钩还装有倒钩，栓钩插入后，倒钩会自动卡紧。

青铜缶

极尽华美，我为酒器之王！

湖北省博物馆、中国国家博物馆藏

战国时期　青铜酒器

青铜缶，1978年出土于湖北随县擂鼓墩1号墓，共两件，分别藏于湖北省博物馆与中国国家博物馆。该缶出土时，里面还有残留的酒液，这证明了该缶有极好的密闭性。整器器型硕大，是目前中国发现的最大的青铜缶。该缶在墓室中与兵器、车马器一同置于此墓，或许在千年前，它装满了为将士们准备的庆功酒，这体现了战国时期的豪饮之风。青铜缶纹样精美，器身以蟠虺纹为主，饰有涡纹、蕉叶纹等。整器采用了多范合铸技术，代表了青铜时代范铸法的高峰。

纹样 Patterns

青铜缶的颈部和下腹部饰有由蟠虺纹组成的蕉叶纹，其上为3匝蟠虺纹，器表还饰有细密的鳞纹、涡纹等，装饰统一，线条整齐，极尽精美。

涡纹、蟠虺纹

腹部的环钮上饰有涡纹，配合线条的走向，其大小依次变化，似在环钮中转圈，呼应了环钮的形状。器腹上饰蟠虺纹，整齐圆润。

龙纹

肩部的拱钮以小龙为形，龙尾上的两列鳞纹排列整齐，精美细致，龙攀附在器身之上，似在器身上穿行，显得丝滑轻巧。

造型 Style

缶是一种小口大腹，形状类似壶、罐的盛酒器，造型源于陶缶。缶分为尊缶和盥缶。尊缶有方、圆两种，前身是罍；盥缶则源于商代的瓿。

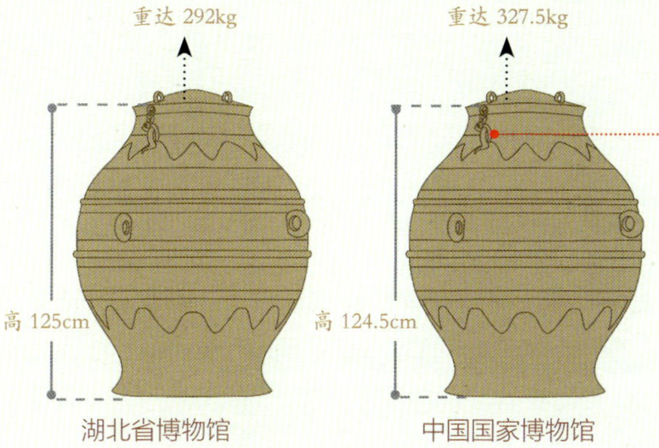

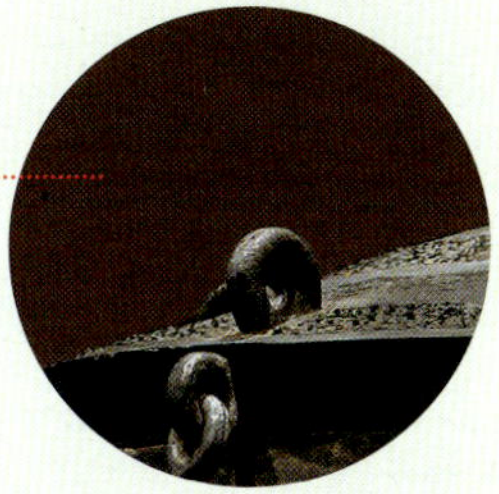

青铜缶的盖上有四个精致的环钮，这些环钮不仅作为装饰点缀了盖面，而且实用功能同样出色。盖顶通过一条精美的环链巧妙地扣连在肩部雕刻的龙形拱钮之上。在偌大的器身的对比下，环链显得小巧精致，增加了造型的动感。

工艺 Technology

青铜缶采用了多范合铸技术，即先铸上半段，再接铸下半段和底部。器盖和器腹的环钮是单独铸好以后，再嵌入器身的范内浇铸成一体的。

内壁上可看到接合处有凸起的箍带。器表有纵向接范的痕迹，由于范块结合不当，所以上下的范痕线不在一条直线上。

崇阳铜鼓

晋侯稣钟

商代象纹铜铙

东周铜建鼓座

第四章

乐器

《乐记》云：『乐者乐也，琴瑟乐心；感物后动，审乐修德；乐以治心，血气以平。』我国的乐器有着悠久的发展历史，据古书记载，黄帝战蚩尤时，为了治愈被战鼓击昏的士兵，做出一件中间是铜，两边是丝弦，能架在木头架子上演奏的金属乐器，『樂』字由此器的形状演变而来。新石器时代，已出现陶鼓、陶铃等，它们均作为祭祀乐器。铙最早出现于商代。到了周代，礼乐制度逐渐完善，乐器在此时已较为精致，以编钟为主的演奏乐器形成，构成了中国特色礼乐文化主体。按照种类，青铜乐器可分为铙、钟、镈、钲、铎、铃、錞于等。

兽面纹铜钲

秦公镈

曾侯乙编钟

● 乐曲悠扬，我是地下的音乐宝库。

战国早期 青铜乐器
湖北省博物馆藏
首批禁止出国（境）展览文物

曾侯乙编钟，1978年出土于湖北随县擂鼓墩1号墓。钟是一种打击乐器，由商代的铜铙演变而来，按其形制和悬挂方式可分为甬钟、钮钟和镈钟等。依大小顺序排列悬挂在钟架上的多件钟，称为“编钟”。曾侯乙编钟是我国目前出土的钟数量最多、重量最重、音律最全的一套编钟，出土时除少数几件钟因积水或震动掉落地面，其余全部整齐地挂在木质钟架上。全套钟架由245个构件组成，可以拆卸，设计精巧，结构十分稳定。除镈钟外，其他钟均能击打出双音，音质纯正。曾侯乙编钟能演奏复杂的乐曲，展现了战国时期高度发达的音乐文明。

结构 Structure

曾侯乙编钟钟架高大，为铜木结构。全套编钟共65件，分3层8组挂于钟架之上。上层为3组共19件钮钟，中下层为5组，由45件甬钟和1件镈钟组成。

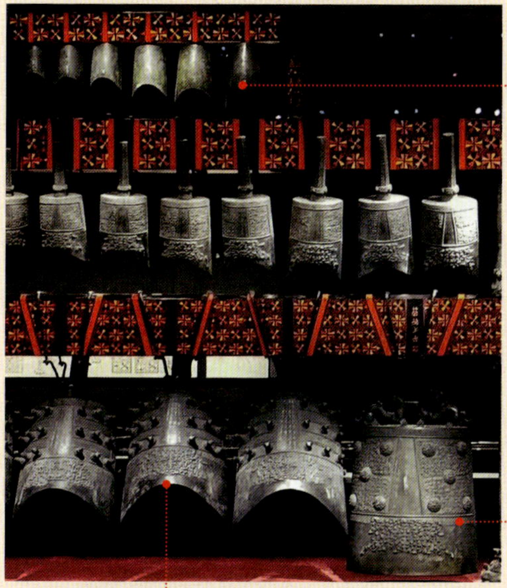

钮钟较小，底部上凹，顶部有方形环钮，可以以直悬的方式挂于钟架之上，用钟槌击奏。

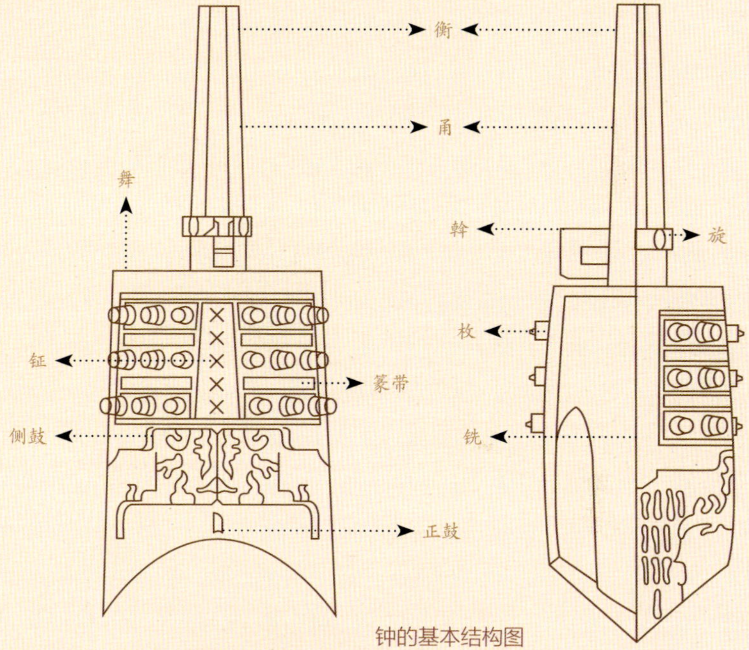

钟的基本结构图

甬钟的结构与钮钟相似，但顶部用长柄（即“甬”）代替了钮，只能以侧悬的方式挂于钟架上来击奏。

镈钟上有环钮，底部为平口。镈钟多为椭圆形或合瓦形，器型较大，可单独悬挂在钟架上，又称“特钟”。

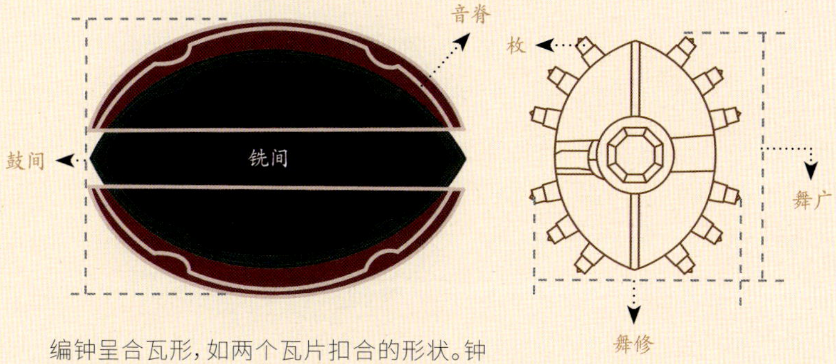

编钟呈合瓦形，如两个瓦片扣合的形状。钟口是椭圆形的，编钟的每个接合处都有棱，称作“铣”。

造型 Style

曾侯乙编钟钟架呈曲尺形，横梁为长方形，两端有青铜套。上层的立柱为圆木，下两层的立柱为铜制佩剑武士，并通过横梁的方孔与钟架牢固衔接。此编钟整体的造型稳固端庄，气魄雄伟。

青铜套上饰有浮雕、透雕蟠螭纹，这不仅有利于加固横梁，还增加了梁架的装饰效果。

铜制佩剑武士身穿长袍，腰部束带佩剑，双手向上托举，表情肃穆，立于雕花的底座之上，使曾侯乙编钟更显华贵。

纹样 Patterns

整器以龙纹为主要纹样，兼有几何纹、植物纹。纹样层次分明，动感强烈，表现出曾侯乙编钟的威严霸气，体现了战国早期曾国的审美情趣和文化意蕴。

花瓣纹、虎套环纹

横梁上饰髹漆彩绘的花瓣纹，四瓣花与八瓣花交错分布，以内卷的线条为边框，架中有壁虎状挂钩。

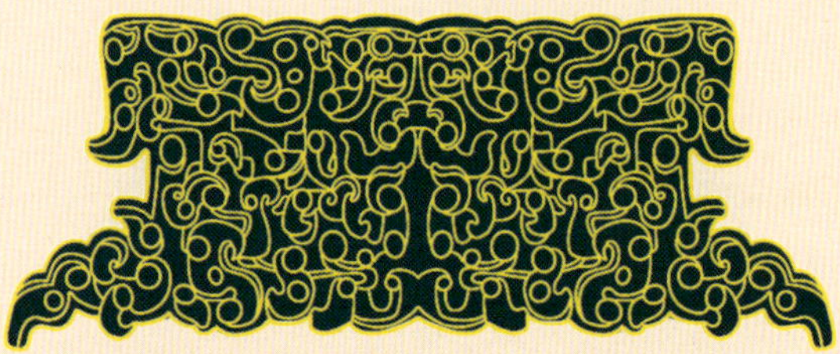

联珠龙纹

镈钟鼓部饰两条侧身顾首龙，龙躯弯绕，以细密的联珠纹勾边，纹样近似“凸”字形，左右对称。

回首双龙纹

镈钟钮饰回首双龙纹，蟠龙为独角，回首卷尾，头上各饰一条小龙，龙身、龙尾、龙角均呈“S”形。

功能 Function

曾侯乙编钟音色优美，音质纯正，基调与现代的C大调完全相同。演奏曾侯乙编钟时，由3名乐工分别掌奏中层3组钟，并兼顾上层钮钟，奏主旋律；另外由2名乐工掌奏下层大钟，配以和声。

自出土后，曾侯乙编钟原件仅奏响三次，每次均留下深刻印记。1978年，它以《东方红》开篇，两小时的演奏震撼人心；1979年，于新中国30周年国庆在京展出并演奏，成为其唯一一次离鄂之旅；1997年，为庆香港回归，再次奏响，献礼祖国统一。如今，为保护文物，原件或不再演奏，但其千年余音仍带我们梦回战国礼乐盛世。

钟体共有铭文3755字，内容包括编号、记事、标音及乐律。古代音律中的“五声”指宫、商、角、徵、羽5个基本音级。而曾侯乙编钟有12个半音，它们的名字都在铭文中。因而曾侯乙编钟的铭文堪称“一部珍贵的音乐理论论著”。

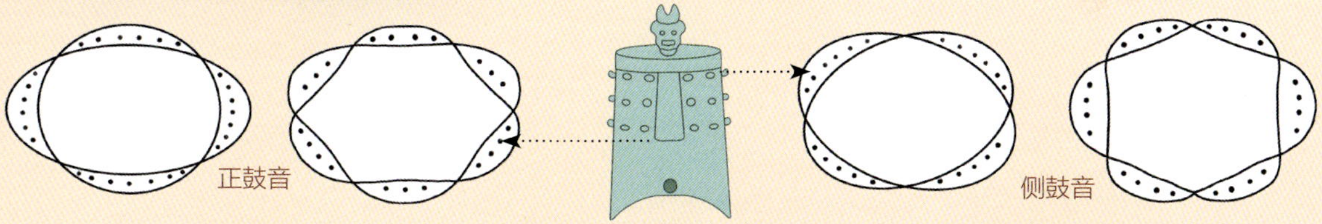

合瓦形的结构使得曾侯乙编钟在敲击正面时侧面无振幅，敲击侧面时正面无振幅，这样可实现双音共存，且互不干扰。

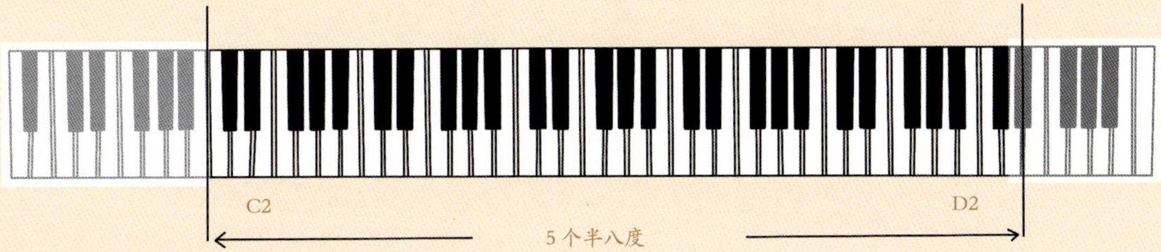

曾侯乙编钟音域跨5个半八度，中心音区12个半音齐备，仅比现代大型钢琴少左、右各一个八度。

晋侯稣钟

● 臣服于骁勇晋侯，奏响凯歌。

西周时期　青铜乐器
上海博物馆、山西博物院藏
首批禁止出国（境）展览文物

晋侯稣钟，1992年出土于山西曲沃北赵村晋侯墓地8号墓。整组编钟共16件，其中只有2件经科学发掘出土，现藏于山西博物院。剩余14件惨经盗贼之手流落至香港，最终由上海博物馆购回。此编钟的主人为晋侯稣，器物因此得名，也称“晋侯苏钟”。商代的乐器已形成了“宫商角徵羽”五声音阶，但晋侯稣钟缺少“商”音。此编钟虽音域较宽，但因由人耳辨音，音不是特别准。晋侯稣钟的铭文特别，只有下钟连着上钟，才能将内容连通。铭文中记录了7个干支历日和5个记时词语，为研究西周历法提供了可贵的记录。

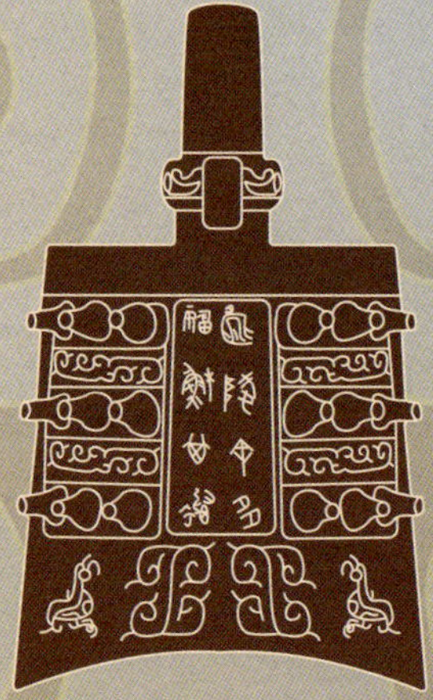

纹样 Patterns

晋侯稣钟的纹样具有整体性，4件较大的钟的纹样相同，都是由浅细的阳线构成的联珠纹、云雷纹等。每组钟的后6件纹样相同，都在篆部饰变体兽纹，鼓部中间饰云雷纹，鼓部右侧饰鸟纹。

变体兽纹

篆部饰有变体兽纹，共4组，分布于枚部之间。兽形极其简化，线条富于变化，转折处上勾。

鸟纹

鼓部右侧的鸟纹暗示了钟的使用诀窍——敲击此处，声音清脆，如鸟高鸣。

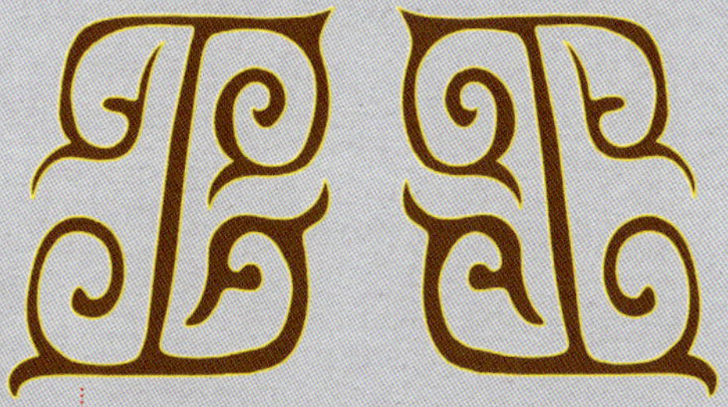

云雷纹

鼓部中间饰一对云雷纹，纹样刻画清晰，卷云几乎对称分布，整体样式方正，兼具稳定性与流动感。

背景 Background

晋侯稣钟中的14件钟被盗掘，后由上海博物馆从香港购回。

流失

1991年位于山西北赵村多座大墓相继出现被盗情况，大量器物流失。

被遗忘两件

1992年底，考古工作者进行抢救性发掘时，发现了两件带有铭文的钟，但铭文内容不通顺。

回归

同时，被盗的14件钟现身香港，由上海博物馆发现并斥巨资将钟购回。

器物聚首

2023年，山西博物院与上海博物馆联合打造并推出数字藏品，16件钟在网上聚首。

造型 Style

晋侯稣钟按照音律可分为两组，每组8件。整组编钟根据有无旋虫可分为两种形式。整组编钟的枚部向上突起，旋部看起来十分稳固，造型规整而精巧。

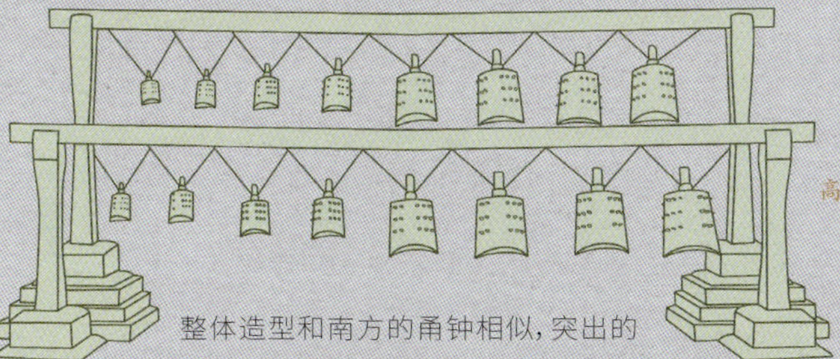

整体造型和南方的甬钟相似，突出的枚部增强了晋侯稣钟的立体感，舞部平直，底部上凹的弧度较小。

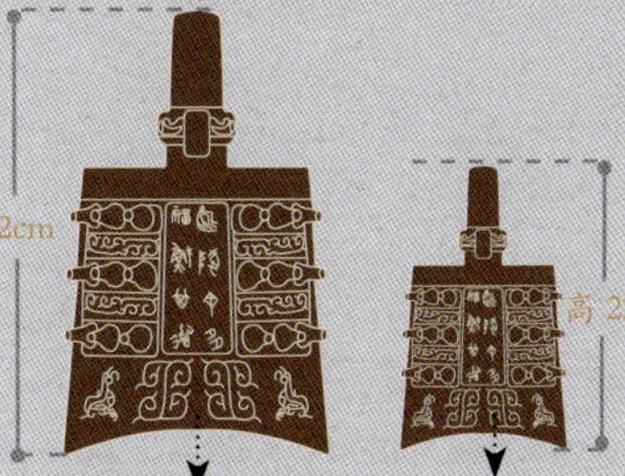

铭文 Inscription

16件钟共刻铭文355字，记录了周厉王三十三年（前847），晋侯稣率军参与讨伐东夷的战争。

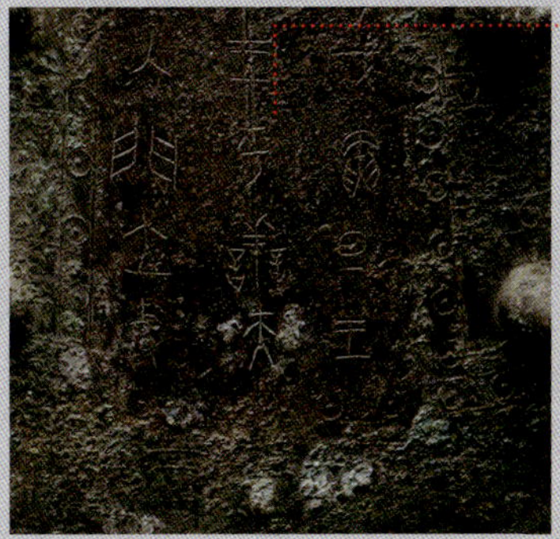

铭文以利器錾刻，此为首例

钟上铭文经利器精细刻凿，笔画转折处多刀相连，刀痕依旧鲜明。这些铭文独具匠心，连贯镌刻在16件钟上，宛如一篇史诗，详细记载了周厉王三十三年晋侯稣随周王东征、平定叛乱并因此受赏的辉煌历程。

秦公镈

● 承载秦人奋发的决心，见证秦国走向辉煌。

春秋时期 青铜乐器
宝鸡青铜器博物院藏

秦公镈【bó】，1978年出土于陕西省宝鸡市宝鸡县太公庙。此镈一共出土3件，形制、纹样相似。根据器身的铭文可知，此为春秋时期秦国的乐器，器主为秦武公，器因此得名。镈是打击乐器，最早出现于商代晚期，盛行于东周，据史籍记载，镈是用来指挥乐队演奏的，节奏性强，常与编钟配合使用。秦公镈造型精美大气，器身饰有龙纹等。该器最为重要的是鼓部的铭文，其中所记载的内容充分再现了秦国辉煌的“发家史”，彰显祖先功勋的同时，表明了秦武公发愤图强的决心。秦公镈堪称秦人开拓精神的缩影。

纹样 Patterns

秦公镈器身纹样精美，整器以龙纹为主，交缠的龙纹并不显得杂乱，反而将装饰布局划分得更加清晰，增加了器物的动感。整器纹样繁而不密，华丽典雅。

蟠龙纹

侧旁两条扉棱各饰9条蟠龙，蟠龙相互缠绕，向上延伸，龙身修长，纹样整体增加了器物的轻盈感。

两头交龙纹

镈身中间可分为4个区域，每个区域均有6条飞龙，龙身线条流畅，盘绕成方形，使纹样布局显得规整。

变形蝉纹、窃曲纹和菱形纹

镈身上下各有一条带纹，该纹样由变形蝉纹、窃曲纹和菱形纹组成。菱形凸起于器表，条带凹凸有致。

造型 Style

秦公镈的鼓部和下沿平齐，内侧有4个缺口。器身上有4条扉棱，侧旁两条扉棱盘曲上延至舞部，并连接成镈钮，钮上有环。整个器物造型雄伟，飘逸生动。

秦公镈甲　秦公镈乙　秦公镈丙

出土的3件镈形制相同，按大小依次排序，甲镈是最大的一件。乙、丙两件镈有“S”形挂钩，并且挂钩一端封闭，呈圆环状，另一端有卷钩，其截面呈八边形。

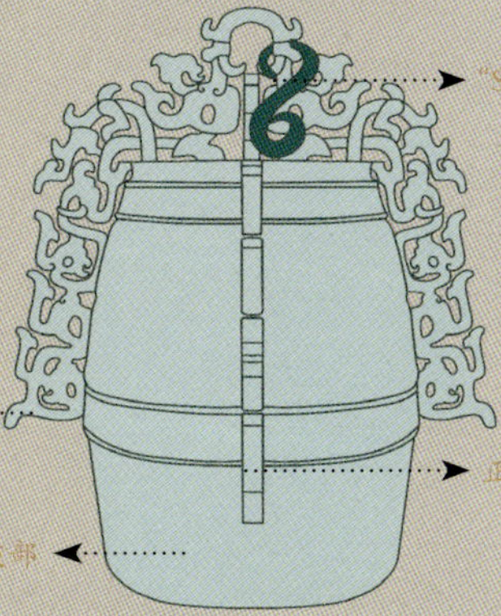

铭文 Inscription

秦公镈鼓部各有单篇铭文135字，铭文中提到了秦襄公、秦文公、秦静公、秦宪公五代世系，着重讲述了秦襄公被赏宅受国之事。

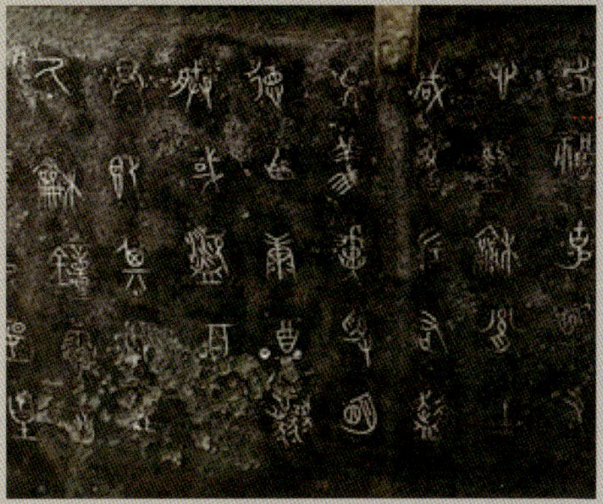

秦公镈乙铭文

铭文继承了西周铭文细劲的特点，但字形纤秀舒展，独具秦国特点，对秦篆的形成有重要的影响。

商代象纹铜铙

声音洪亮高亢，发出战斗的冲锋令。

商代晚期　青铜乐器

湖南博物院藏

商代象纹铜铙，1959年出土于湖南宁乡老粮仓师古寨山顶。铙，是我国现存最早的青铜打击乐器，使用时将器柄朝下，铙体向上，敲击口部使之发出声音，声音可响彻四方，在军旅中用以振奋人心。西周中期，铙被甬取代。商代象纹铜铙为同类器物中器型较大的。经分析，此铙由红铜铸成，重击时不易断裂，虽为合瓦形，但此铙只能发出一种声音，并且声音较为低沉。铙体腔内铸有铭文，是作器者先人的庙号"祖辛"。整器看似厚实笨重，却制作精细，器身饰有华丽的象纹、兽面纹等，而由粗线条构成的兽面纹仅在南方见到。

纹样 Patterns

商代象纹铜铙两面纹样相同。隧部、钲部饰有兽面纹，钲部边缘饰涡纹、鸟纹、虎纹，并有11个乳钉，鼓部饰象纹。整器的纹样将兽面纹的抽象和象纹的写实结合起来，在对比中形成统一。

虎首形兽面纹

隧部饰兽面纹，鼻梁作虎首状，嘴角处有尖利的獠牙，眉毛呈“几”字形上勾。整体显得气宇轩昂，稳重威严。

象纹

鼓部的两侧饰象纹，两头象相背而立，长鼻卷曲，嘴大张，似乎正在发出示威的吼叫声。

云纹兽面纹

钲部饰大面积的兽面纹，纹样由粗线条组成，线条断面作半圆形，上刻有云纹，整体厚重而不失飘逸感。

鸟纹、涡纹、虎纹

钲部边缘的纹样以两个动物纹中间加一个乳钉的方式排列，乳钉上有涡纹、鸟纹和虎纹，这样使器身显得更加生动。

结构 Structure

商代象纹铜铙的钲身为合瓦形，上宽下窄，下有圆柱形甬，甬与腔体相通，甬上方凸起的带状部分为旋。整体结构粗犷厚重。

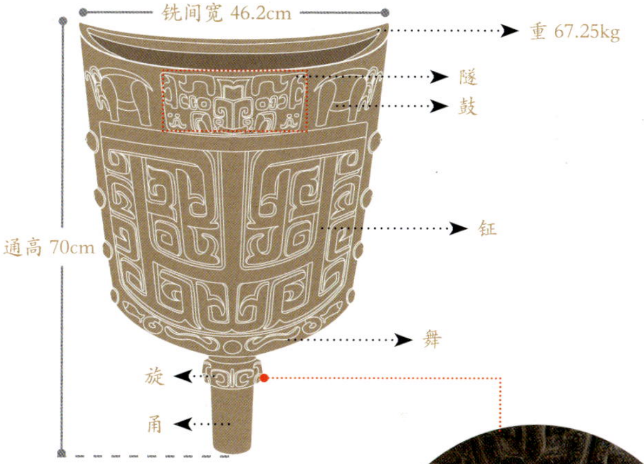

旋位于甬的顶端，较甬更短而厚，呈箍形，旋上有乳钉和“C”形纹样。

铙有阔腔式、甚阔腔式、微阔腔式3种，此铙为第二种，其腔阔大于腔高甚多。

兽面纹铜钲

退军并非胆怯，而是战争的智慧。

西周晚期 青铜乐器

梁带村芮国遗址博物馆藏

兽面纹铜钲，出土于陕西韩城梁带村遗址。铜钲是西周晚期至东周时期较常见的打击乐器，又叫“丁宁”，盛行于春秋时期徐、楚等南方诸国。关于钲的记载较少，出土的先秦乐器中仅有3件自铭为钲。铜钲的形状与小型的钟相似，有长柄，使用时口朝上，用槌敲击。行军时，敲击铜钲发出的声音作为退军信号，大小不同的铜钲组合在一起，就成为“编钲”。此件铜钲的出土为铜钲的用法提供了新的证据：出土时铜钲与建鼓位置相邻，建鼓下方有立柱，学者推测铜钲可斜插在立柱上进行演奏。兽面纹铜钲造型精简，纹样突出，为铜钲的研究提供了重要实物。

纹样 Patterns

大部分的铜钲装饰较为朴素，早期的铜钲的甬部均无纹样，钲部大多饰兽面纹和云雷纹；春秋中晚期的铜钲多饰宽带纹和环形纹。

龙首形兽面纹

主体饰一兽面纹，兽面刻画清晰，鼻梁粗壮，连至眉梢，两旁饰有上扬的胡须，兽角似卷云。

造型 Style

铜钲的各部位名称在文献中没有专门记载，其整体的造型特点与铃相似，但铜钲内无舌；与钟相比，铜钲更加狭长，上有长柄，但柄上无钮，造型设计更为简洁，朴素大方。

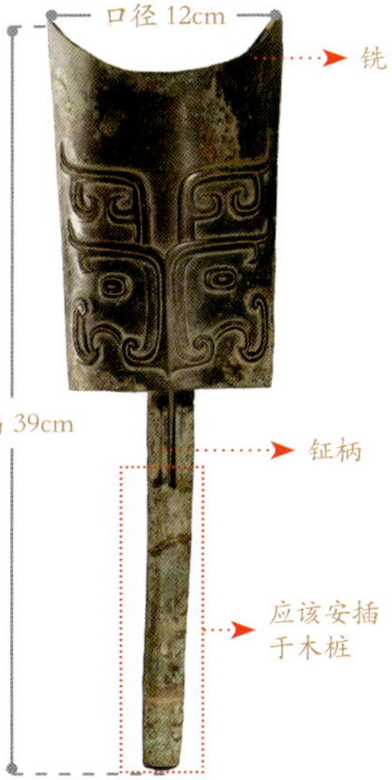

兽面纹铜钲腔体窄长，近筒状断面呈椭圆形，器身兽面的鼻有轻微突出的中脊，与钲柄上的方形立柱相接。

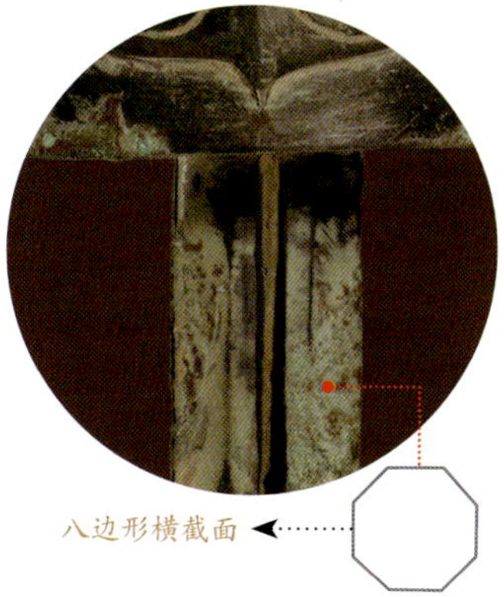

钲柄横截面呈八边形，出土时断为两节。钲柄细长中空，与腔体相通，钲柄上饰有两两对称的4个长方形穿孔。

形制 Form

目前所知最早的铜钲属于西周晚期，应是由甬钟演变而来的，即将甬钟上的旋、旋虫和长枚去掉，便成铜钲。东周至秦汉时期铜钲的形制相似，均为平顶、凹口、侈铣的合瓦形钟体，而钲柄的差异较为明显。

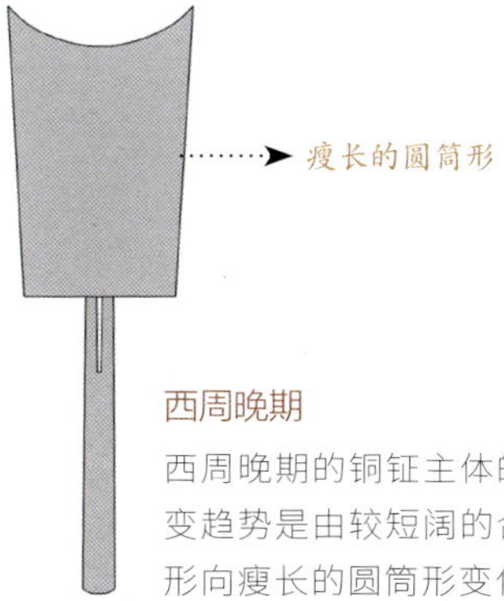

西周晚期

西周晚期的铜钲主体的演变趋势是由较短阔的合瓦形向瘦长的圆筒形变化。

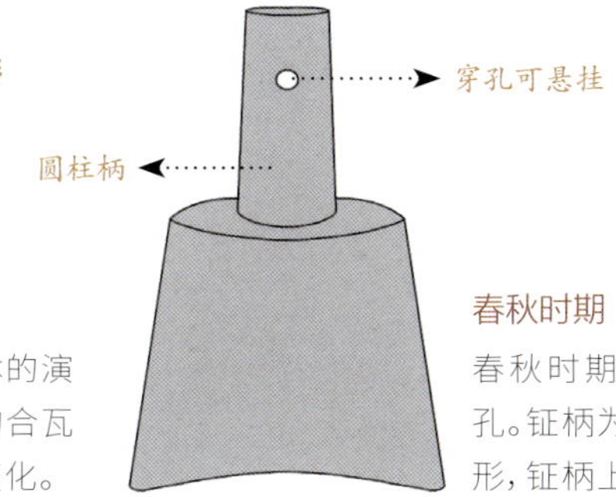

春秋时期

春秋时期的铜钲多有穿孔。钲柄为圆柱形或棱柱形，钲柄上有一穿孔。

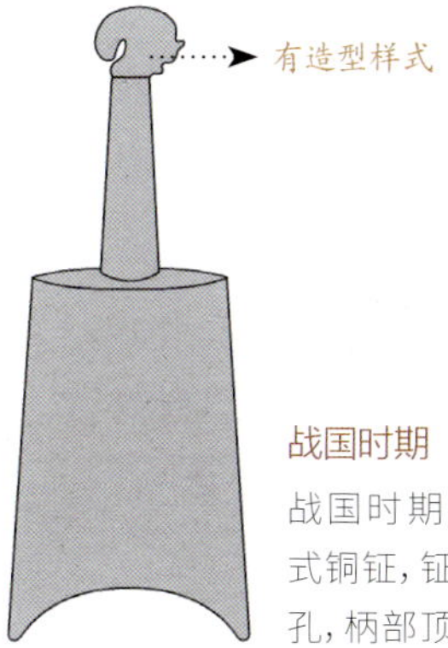

战国时期

战国时期出现穿戴冠式铜钲，钲柄上仍有穿孔，柄部顶端设冠饰。

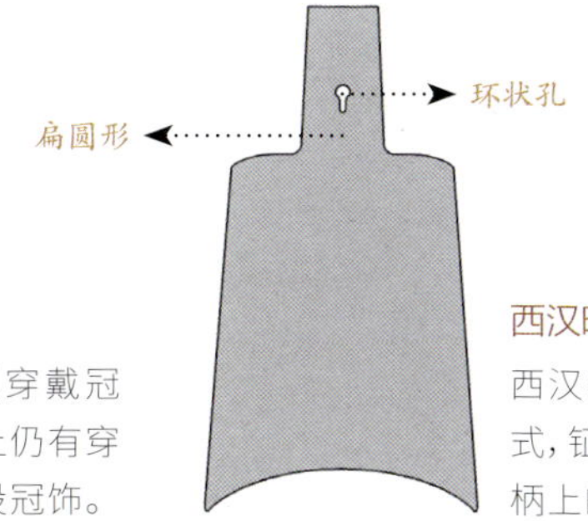

西汉时期

西汉时期的铜钲为有环式，钲柄多为扁圆形，钲柄上的穿孔小，为环状。

崇阳铜鼓

鼓的模样，还得看我这位超级前辈。

崇阳铜鼓，1977年发现于湖北崇阳，在山洪中坍塌的田坎中被挖出。鼓作为重要的礼乐器，按材质可划分为土鼓、陶鼓、铜鼓。唐宋以后，随着皮鼓的广泛流行，铜鼓逐渐消失在历史长河中。崇阳铜鼓是我国目前所见最早的铜鼓，也是世界上现存的两件商代铜鼓之一。轻敲鼓面，崇阳铜鼓仍能发出清脆的声响。整体造型仿木质皮鼓，上有马鞍状冠饰，下有长方形支座，质地厚实，造型庄重。岁月悠悠，鼓韵千年，鼓的材质与敲击方式逐渐改变，但鼓作为礼乐文明之见证的文化内涵永远不变。

商代至西周早期 青铜乐器

湖北省博物馆藏

纹样 Patterns

崇阳铜鼓两侧素雅无纹，鼓身、鼓座和鼓冠上饰有云雷纹和乳钉纹，单层的云雷纹组成了饕餮纹，线条流畅粗放。整器的纹样繁复却有序，构成了复杂的画面，风格凝重浑厚。

饕餮纹

饕餮纹由云雷纹排列而成，饕餮无鼻，结构简化，双目圆睁突出，是此纹样有气势的关键。

乳钉纹

鼓身两端边缘均饰有3列乳钉纹，就像固定鼓皮所用的钉子。

工艺 Technology

铜鼓的制作多将陶范法和分铸法两种工艺相结合。

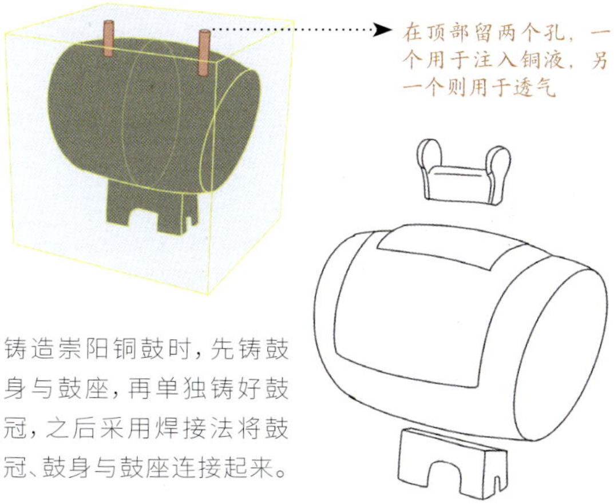

铸造崇阳铜鼓时，先铸鼓身与鼓座，再单独铸好鼓冠，之后采用焊接法将鼓冠、鼓身与鼓座连接起来。

造型 Style

崇阳铜鼓造型雄伟，由鼓身、鼓座和鼓冠3部分组成，主体造型似一横置的腰鼓，鼓面呈椭圆形，鼓座中空，与鼓腹相连。鼓的造型在商代已基本确定，流传至今。

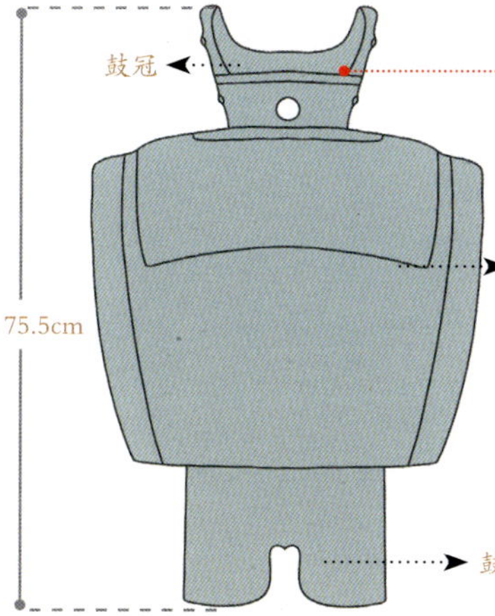

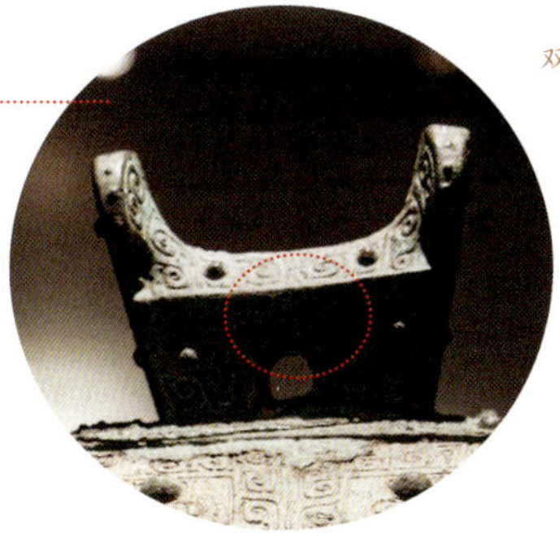

崇阳铜鼓鼓冠为马鞍形，两头高中间低，中间有一圆孔，用来穿绳索将铜鼓悬挂起来。

现藏于日本的双鸟鼍鼓为圆明园旧藏。鼓上铸有一对凤鸟，下有四足，通体呈绿漆古色，两面贴有鳄鱼皮，其相比崇阳铜鼓更加精致。

甲骨文中“鼓”字和人手握着鼓槌敲击鼓面的画面几乎一样，该字展现了鼓的结构，十分生动形象。

虎钮錞于

怒吼咆哮，我是巴人所敬仰的猛虎。

战国时期　青铜乐器
重庆中国三峡博物馆藏

虎钮錞于，1989年在万州甘宁发现于水库泄洪后的石缝中。錞于是打击乐器，出现于春秋时期，盛行于战国至西汉前期，在巴人故地发现较多，是最具巴文化特征的青铜乐器。这件虎钮錞于保存完好，是同类器物中器型最大的一件，被誉为“錞于王”，最初与战鼓配合在军队中使用，后作为祭器使用。巴人将钮做成虎形，体现了对虎的崇拜，虎不仅是巴人的图腾，也代表了巴人勇猛、善战的性格特征。在虎钮的周围，分布着5组纹样，这些纹样精简神秘，展现了巴文化的特色。

纹样 Patterns

此錞于上部的钮为虎形，虎身饰3排叶纹，这些叶纹近似平行四边形，中有横条叶脉。虎钮栩栩如生，勇猛威严。虎钮的周围分布着5组“图语”。

俯视图

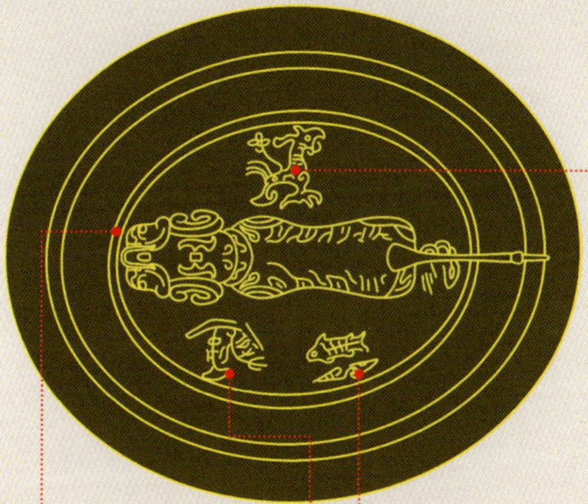

神鸟四蒂纹

神鸟体态轻盈，十分灵动，内卷的尾部上方的四蒂纹就像飞舞在凤鸟周围的花朵，增加了纹样的美感。

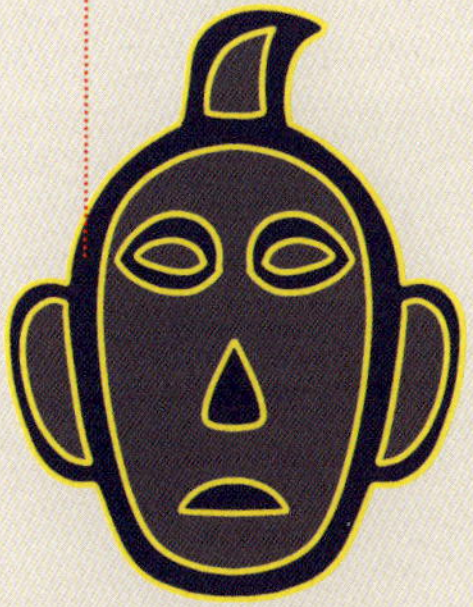

人面纹

人面纹为正面刻绘的人首，人面轮廓清晰，五官兼具，头上倾斜的角状物应为发髻。

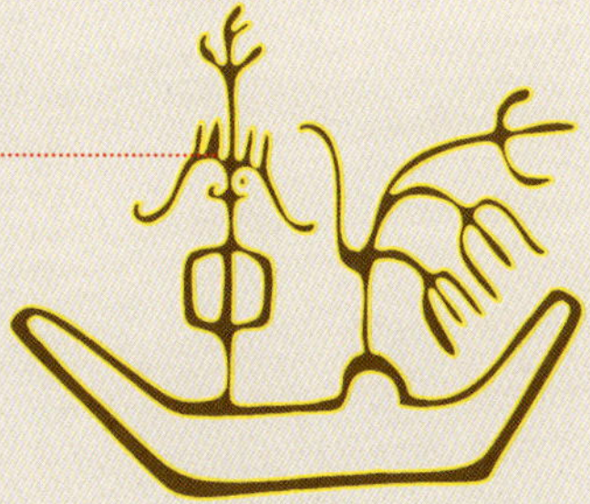

建鼓纹

在两端上翘的船上，有一建鼓立在左边，杆顶有冠饰，右侧一羽人摇摆着，正在击鼓。

鱼与勾连云纹

鱼身修长，上面刻有鱼鳞，鱼有四鳍，刻画细致。一旁的勾连云纹线条卷曲，灵动活泼。

造型 Style

虎钮錞于由虎钮、承盘及錞于3部分组成。錞于多呈椭圆柱形，中空壁薄。承盘上承虎钮，下连隆肩，使整器外观协调而富有变化。

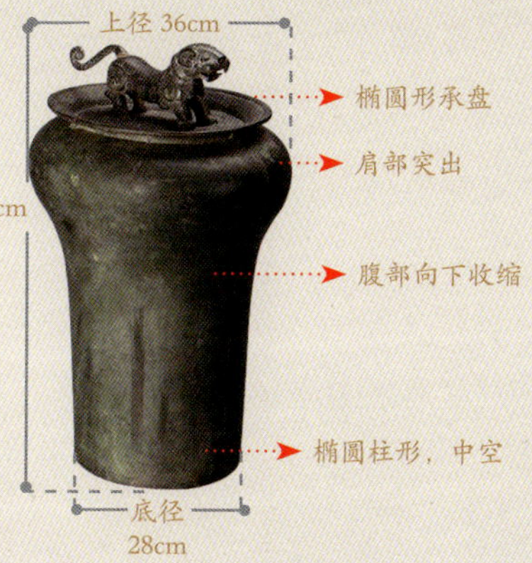

承盘上立虎与人面组合，此应与巴人关于廪君“虎饮人血”的先祖记忆有关。虎呈静观状，平视前方，虎颈微前倾，整体造型雅致。

功能 Function

錞于为打击乐器，虎钮是用于提起和悬挂錞于的。錞于的音乐性能简单，敲击肩部发出的声音如雷，清脆且持续时间较久。錞于可用于征战、祭祀和宴飨。

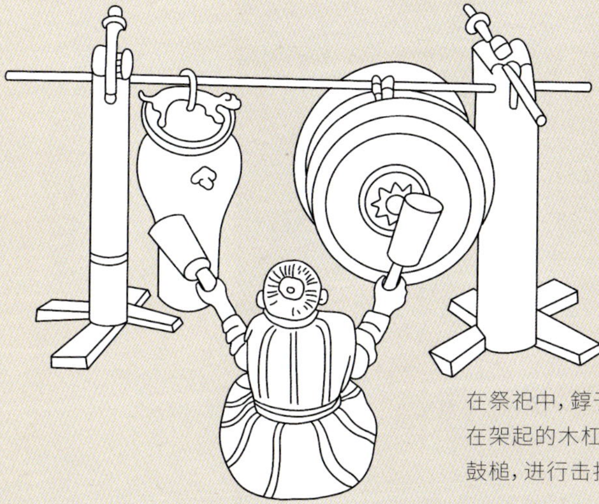

在祭祀中，錞于和铜鼓悬空横挂在架起的木杠上，旁边一人手执鼓槌，进行击打。

东周曾侯乙建鼓座

拥有来自大『户』人家的底气，我不怒自威。

战国早期 青铜乐器附件

湖北省博物馆藏

东周曾侯乙建鼓座，1978年出土于湖北省随县擂鼓墩1号墓，同时，墓中出土了我国最早的建鼓。建鼓是打击乐器，过去仅见于战国和汉代的青铜纹样和石刻画像中。3000多年前的商代至西周时期已有建鼓，它是我国出现最早的鼓种之一，战国时期得到广泛应用。鼓座是承插建鼓的重要附件。此鼓座铸造工艺复杂，结合了分铸、铸接、铜焊、镶嵌等工艺，人们至今仍未破解它的铸造之谜。整个鼓座上的立体龙雕精美繁复，远看像一团熊熊燃烧的火焰，近看似乎是被阵阵鼓声惊醒的群龙，达到了视觉效果与听觉效果的完美统一。

纹样 Patterns

整个鼓座由8对大龙和数条小龙构成，龙身相互缠绕，总体呈攀爬姿态，给人以纷繁缭乱却又生动有序的奇特感受。大龙全部嵌有绿松石，华丽万分。

吐舌龙纹

小龙与大龙相互交缠，有的小龙甚至从大龙口中穿出，小龙向上之势强烈，龙尾如同燃烧的火焰。

卷鼻龙纹

整个鼓座的所有龙由口衔圈足的蟠龙为基础，分成走向相反的两组，龙身饰有鳞纹，鼻子向上卷起。

蟠蛇纹

鼓座底部边缘饰蟠蛇纹，蟠蛇小巧灵动，蛇尾卷曲锐利，似乎在群龙之间快速爬行。

功能 Function

建鼓在古代墓葬中是用来祈祷墓主人飞升的用具，建鼓中的木杆代表着“设杆天”。铜建鼓座作为附件，是用于稳定建鼓的。

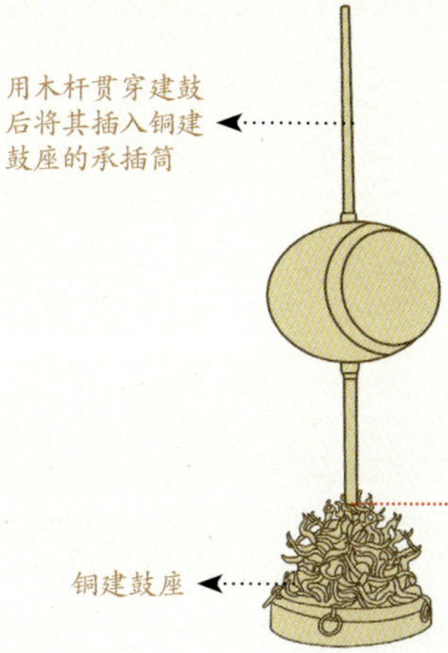

承插筒位于中部，筒口直径大于木杆直径，建造成高低两层，可与鼓身相嵌套。

造型 Style

铜建鼓座整体呈圆锥形，下大上小，由承重铜圈、承插筒和立体龙雕3部分组成，四周有4个环钮连接4个环扣，为提手。

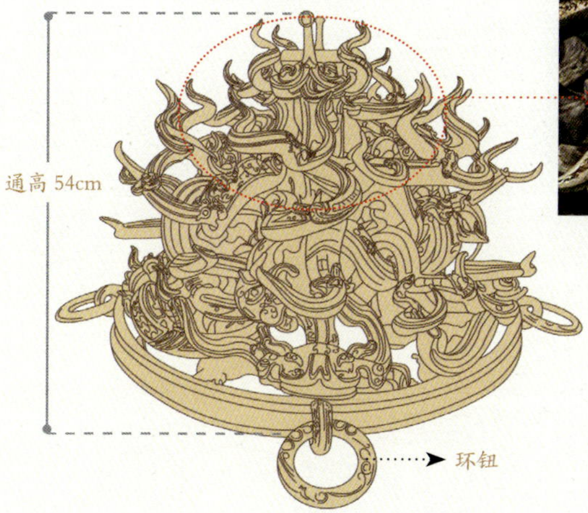

铜建鼓座中间由数根铜条交错成网状，架起上部的龙雕。铜条中心与承插筒相连。

汉青铜弩机

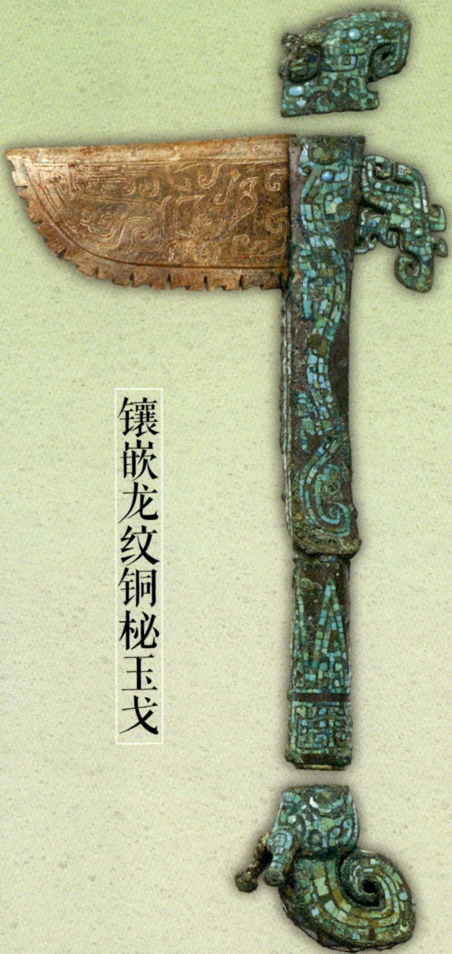

镶嵌龙纹铜柲玉戈

人头形銎青铜戟

亚醜钺

第五章

兵器

『国之大事，在祀与戎。』兵器向来被历代王朝重视，人们将最雄厚的财力、最精良的工艺用于兵器的制造。青铜时代，青铜作为最高端的金属材料，被广泛地应用于兵器的制造之中，兵器不断升级。按照使用方法，兵器可分为勾兵、刺兵、短兵、射兵、斧钺、甲胄等几类，其器型包括刀、剑、戈、矛、戟、钺、弩等。远古的杀伐声已然消逝，只留下了这些兵器，它们在历史长河中画下了浓墨重彩的一笔。

越王勾越剑

兽面纹青铜胄

越王勾践剑

● 寒光闪闪，这正是天下第一剑的肃然与锐利。

春秋晚期　青铜兵器
湖北省博物馆藏
第三批禁止出国（境）展览文物

越王勾践剑，1965年出土于湖北江陵望山1号墓，出土时毫无锈迹，锐利的剑刃能直接划破20余张叠摞的纸。剑是随身佩戴的短兵，青铜剑盛行于春秋战国时期，作为身份的象征。此剑薄如纸片，硬度极高，剑身饰菱形纹，剑格镶嵌宝石，整剑华丽精美，十分高贵。剑身刻有鸟篆体铭文，由内容可知，剑主即为“卧薪尝胆”的越王勾践。根据《越绝书》的记载，越王勾践有5把剑，分别名为湛卢、纯钧、胜邪、鱼肠、巨阙，此剑为其中之一。越王勾践剑精美绝伦的艺术造型展现了吴越地区高超的青铜铸造技术。

纹样 Patterns

金色的剑身饰有黑色菱形纹，剑柄、剑格乌黑，剑格两面饰有花纹，正面镶有蓝色琉璃，背面镶有绿松石。整把剑装饰精美，颜色搭配巧妙，体现了剑主高贵的地位。

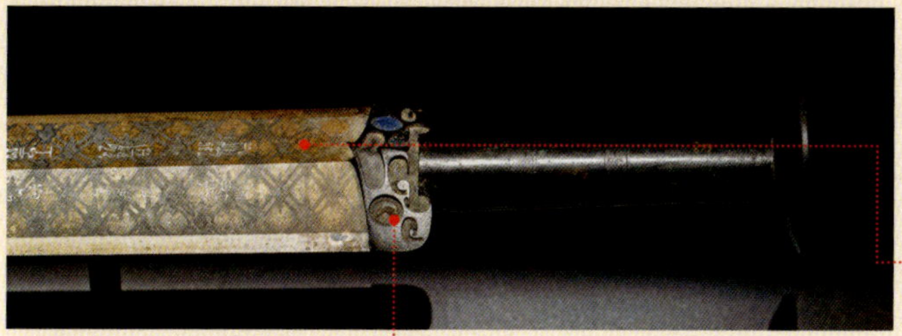

网纹、菱形纹

剑身的纹样由网纹和菱形纹构成，网纹以双线条绘制，节点处饰实心菱形纹，纹样经硫化处理，原为白色。

天极神纹

左右各一个圆，象征日月，两侧各有一鸟纹，宝石镶嵌于纹样之上，增加了纹样的富丽感和光泽感。

造型 Style

青铜剑由剑身、剑格和剑茎3部分组成，出现于商代晚期，为叶形短剑。春秋战国时期，佩剑成为礼仪，剑身加长，多为双刃，中间起脊，横截面为菱形。西汉时，青铜剑被铁剑取代。

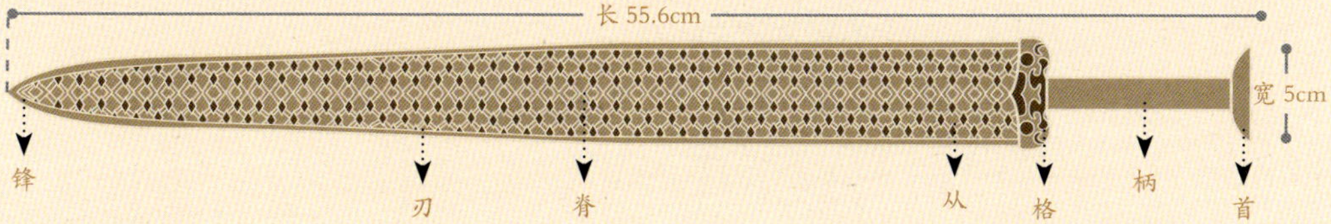

越王勾践剑剑身修长，有中脊，剑首外翻，卷成圆箍形，从和刃锋利，前锋曲弧，茎上有两道凸箍。

铭文 Inscription

越王勾践剑近剑格处有两行共8字鸟篆铭文，内容表明了剑主的身份和地位，铭文错金，装饰性强。

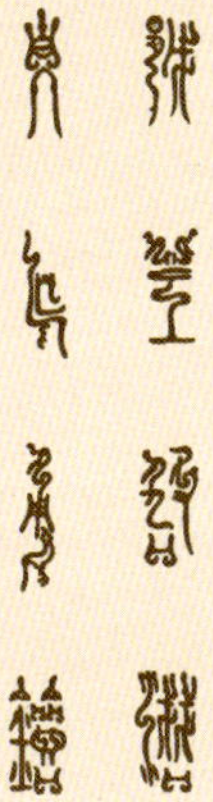

铭文内容为：越王鸠浅，自作用剑

铭文镌刻的“鸠浅”与广为人知的“勾践”之名，实则通假字的运用。在当时，“鸠浅”与“勾践”在发音上高度一致，此铭文揭示了古代文字记载中常见的通假字现象。

鸟篆是春秋战国时期的一种字体，流行于南方。这种字体将鸟的形象融入线条之中，使结构富于变化。

工艺 Technology

此剑铸造工艺独特，以高锡粉末涂层后，于上雕刻花纹，加热处理后使氧化层掉落，剑便呈现为双色。

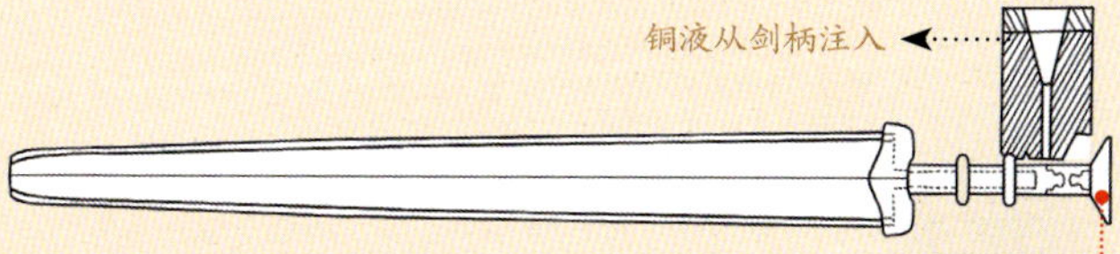

剑首的内部刻11道同心圆，这些同心圆的间隔和厚度均不超过1mm，雕刻极精细。

剑脊含铜较多，能使剑韧性更好，不易折断；花纹处含硫多，硫化铜可以防止锈蚀，以保持花纹的艳丽。

人头形銎青铜戟

● 人头立其上，大杀四方的证据。

西周时期 青铜兵器
甘肃省博物馆藏

人头形銎青铜戟，出土于甘肃灵台白草坡。戟是由戈和矛构成的组合型兵器，攻击方式灵活，可以刺、扫、钩、割等，杀伤力惊人。青铜戟出现于商代，到春秋时期成为常用兵器。人头形銎青铜戟造型奇特，刺锋为一人头，浓眉大眼，颧高鼻尖，被考证为北方游牧民族人种的形象。商周尚武，不仅用异族战俘祭祖，还喜用战俘的形象来装饰武器，此器人头面部的纹样可能是给战俘烙的印记。此器可能是贵族为炫耀战功、震慑敌人而专门铸造的特殊兵器，这为研究西周时期北方的政治文化提供了重要的实物参考。

纹样 Patterns

人头形銎青铜戟纹样较少，仅饰人面纹和牛纹，人面纹特征明显。整体装饰简单但雕刻精致，兼具了阴刻、浮雕等装饰工艺，风格奇丽诡异，充满了神秘感。

人面纹

浓眉大眼，鼻宽，嘴巴突出，发丝分明，头发披散开来，腮部有“W”形纹样。

牛纹

援上有阴刻牛纹，内上饰浮雕牛纹，牛头向下，从牛头延伸出一条顺应内形的曲线，两牛牛角上扬。

造型 Style

人头形銎青铜戟属于十字形戟。十字形戟多为一体铸成，戟刺、戟援互相垂直，整体呈十字形，仅见于西周时期。

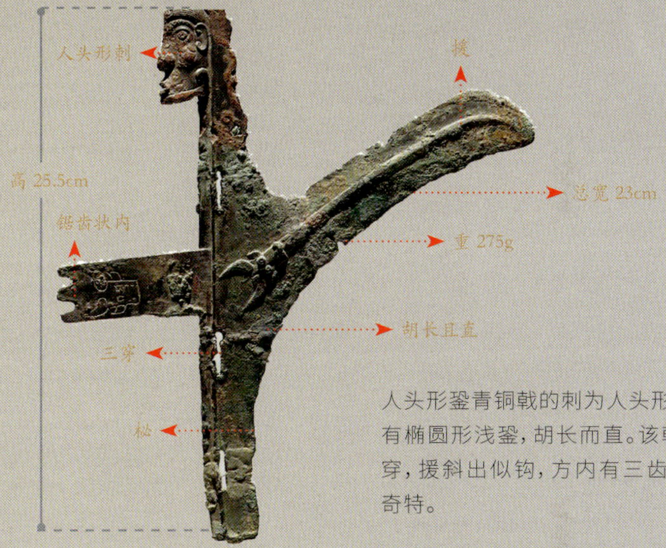

人头形銎青铜戟的刺为人头形，颈部有椭圆形浅銎，胡长而直。该戟有三穿，援斜出似钩，方内有三齿，造型奇特。

形制 Form

青铜戟可分为整体合铸型和戈矛分铸联装型两种。最早的青铜戟出现在商代，是戈和矛粗略组装而成的；周代出现了整体合铸型青铜戟；春秋时期，人们开始使用用柲联装分铸的戈、矛的青铜戟。

西周十字形戟

一种以矛为主体，旁边生一横刃，杆端上还装上矛的銎部。另一种则是以戈为主体，突出前伸的锋刺。

西周刀形戟

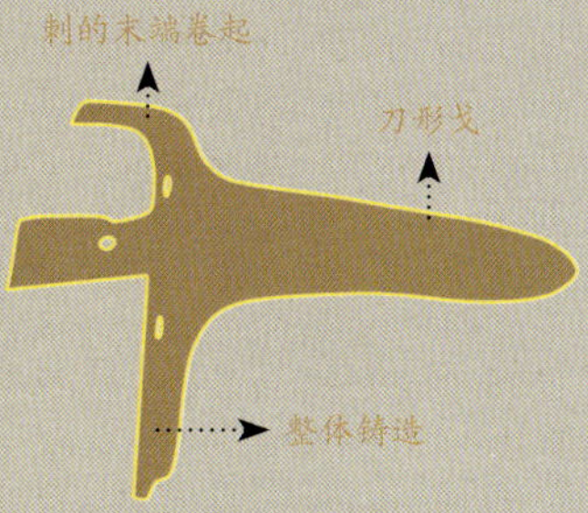

与十字形戟相似，但刺的末端卷起，多见于商代和西周。

春秋联装戟

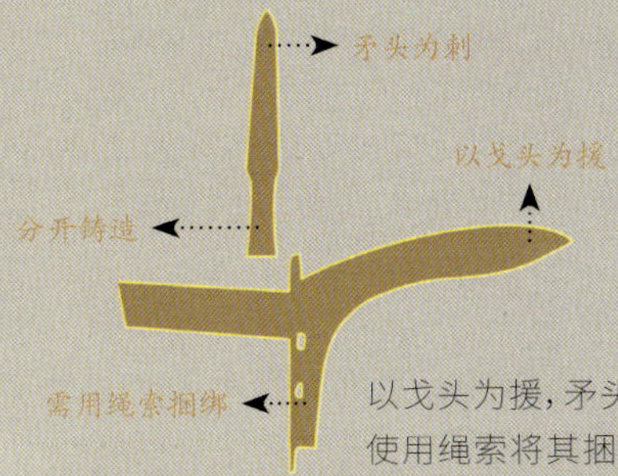

以戈头为援，矛头为刺，使用绳索将其捆绑于柄上。此戟出现于商代，东周至秦较为盛行。

战国联装戟

由3个戈头与1个矛头组成，下面设2个戈头。这是骑兵的主要武器，出现于春秋末战国初。

亚醜钺

我的威严与气势，都服务于王权。

商代时期 青铜礼器

山东博物馆藏

亚醜钺，1965年出土于山东青州苏埠屯1号商墓。挖掘时，一位张姓农民因别人均发现重器而自己一无所获，愤怒之下用力凿土，亚醜钺被砸到一角后，横空出世，至今仍能看到修复的痕迹。商周时期，青铜钺的礼仪属性进一步增强，它作为王权与地位的象征。钺与斧相似，斧刃较钺窄小，钺刃较宽大，呈弧形。亚醜钺两肩有扉棱。此钺正反两面刻有“亚醜”二字，器物因此而得名。器身饰有人面兽纹，面目狰狞，具有威慑感，象征着奴隶主高高在上的阶级地位。

纹样 Patterns

亚醜钺的纹样充满了神秘的诡异色彩，器身上用透雕的技法雕刻了一个人面兽像，双环目，嘴角上撇，牙齿露出，整体透露出一股古典而狞厉的美感。

人面兽纹

纹样将人与兽的特征巧妙地结合起来，突出的五官中的兽状鼻令人望而生畏。

造型 Style

青铜钺为圆刃或平刃，是一种呈片状、有双面刃的扁平的斧形青铜器，多平肩，有内或銎用来安装柲。钺最初为石质和玉质，青铜钺盛行于商代和西周。

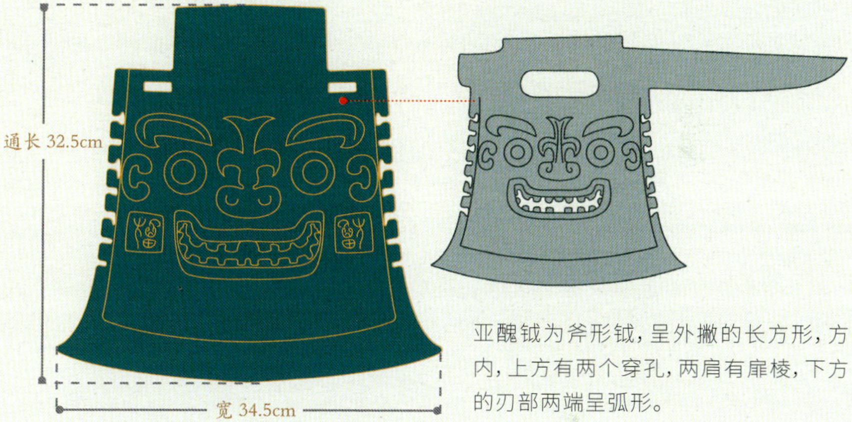

亚醜钺为斧形钺，呈外撇的长方形，方内，上方有两个穿孔，两肩有扉棱，下方的刃部两端呈弧形。

铭文 Inscription

人面口部两侧各饰铭文“亚醜”，铭文左正写，右反写，呈镜像对称。

左亚醜

亚醜，古代部族，约生活于商代中期至西周早期，主要活动区域为今天的山东一带，其在古代属于东夷，与商王族关系紧密。

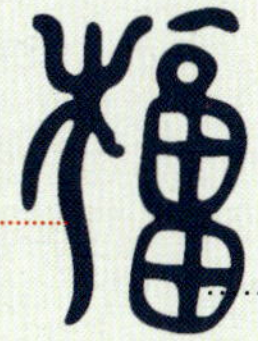

右亚醜

形制 Form

青铜钺由内和器身构成，基本形制为刃角外侈的斧形，直内为长方形，刃部为弧形。根据器型和柲与钺的连接方式，可将青铜钺分为斧形钺、带銎钺、异形钺和舌形钺四大类，斧形钺最多。

斧形钺

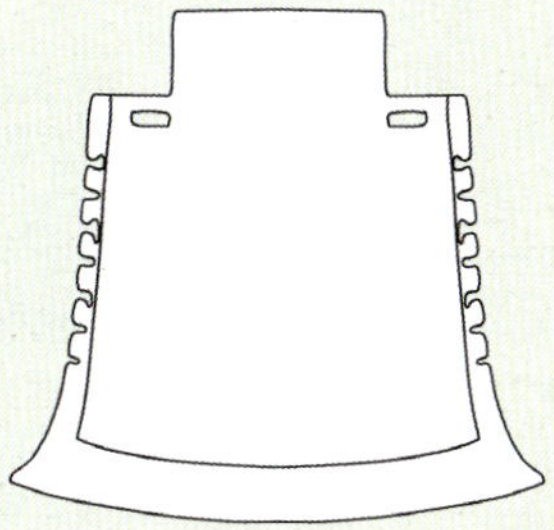

刃部弧曲宽阔，两角略微上翘，与斧的形状接近。

带銎钺

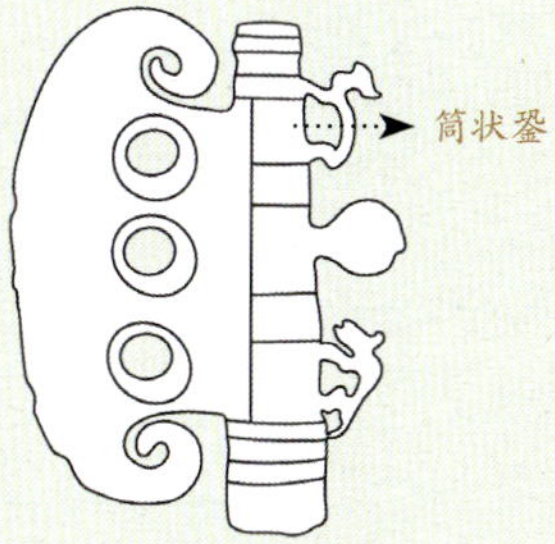

钺銎呈筒状，上细下粗，有4道突起的箍状装饰，背中间有铃。

异形钺

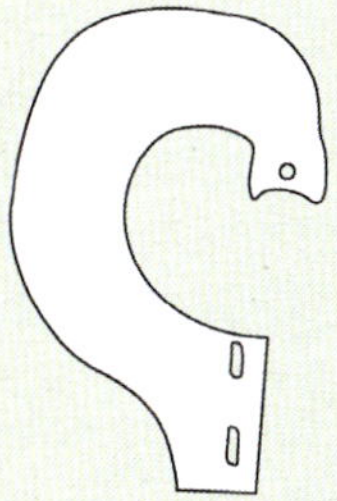

西周早中期出现了异形钺，这种钺以銎装柄，外形与人耳相似。

舌形钺

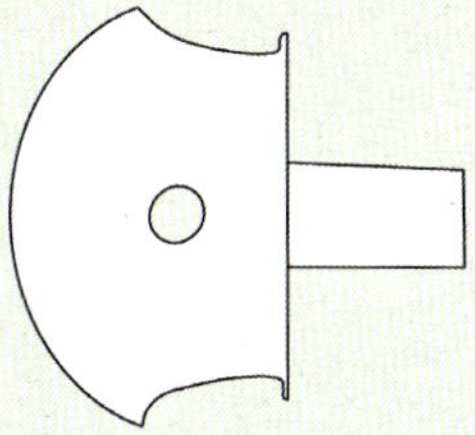

刃部为弧形，中部有孔，两肩各有穿口。

兽面纹青铜胄

站在战士的头上，我为他们保驾护航。

商代时期　青铜兵器

江西省博物馆藏

兽面纹青铜胄，1989年出土于江西新干大洋洲遗址。青铜胄是古代战争中用来保护头部的防具，通常会和铠甲一同穿戴，作为一套防御装备，简称“甲胄”。后来“甲胄”一词成为古代防具的概称。青铜胄出现于商代晚期，战国时称为“兜鍪”，北宋时称“头鍪”，宋以后又多称“盔”。兽面纹青铜胄装饰华丽，胄面饰高浮雕兽面纹。顶上有纵向的凸脊，造型富有张力，避免了常见圆顶青铜胄的呆板感。该胄采用浑铸法制成，壁厚只有约0.3cm，较为轻便舒适。此胄保存状态良好，表面光亮，整体威武。

纹样 Patterns

兽面纹青铜胄以兽面纹为主体纹样，其采用了高浮雕技法雕刻而成，样式立体突出，构图醒目。兽面看上去十分神武肃然，似乎为戴胄之人增加了气势。

兽面纹

兽的双角粗大，向外卷，双耳呈卷云状竖立，双目呈长方形，鼻头内卷。整体充满了张力，精美至极。

形制 Form

商代的青铜胄多饰以兽面纹，并在兽嘴处留有缺口以露出战士的面孔。两周时期的胄的形制简化，更加考虑实用性，器型变得圆润。

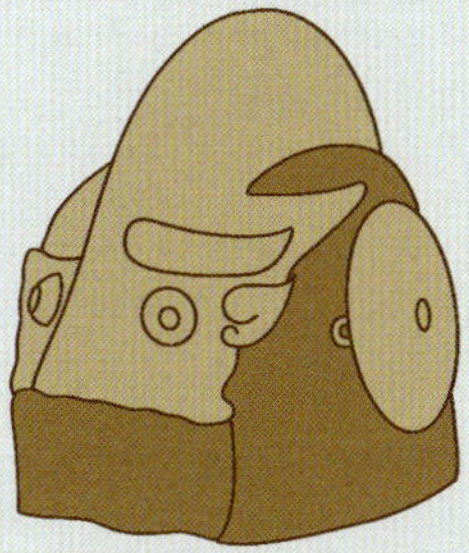

西周

胄的装饰简化，中脊突出，缺口变大，露脸面积增多。

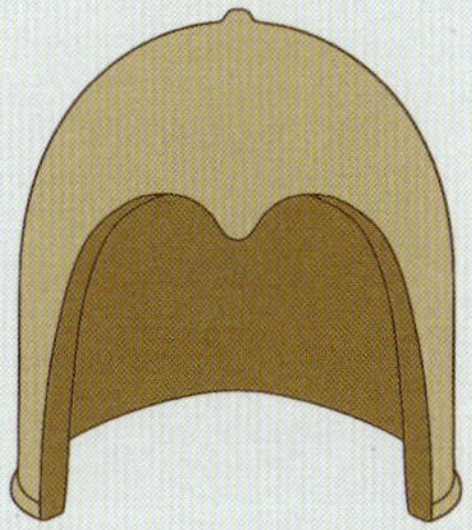

春秋时期

胄更加圆润，贴合头型，正面呈“m”形，素面无装饰。

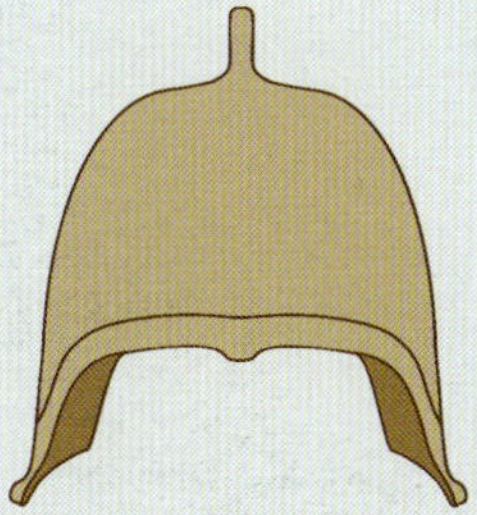

战国时期

胄的左右两侧向下延伸形成了护耳，上方有长方形钮。

造型 Style

兽面纹青铜胄呈圆帽形，中空，边缘平整，顶上正中间有一凸脊，脊薄而锐利，顶侧兽角旁边各有一小孔，用于透气。

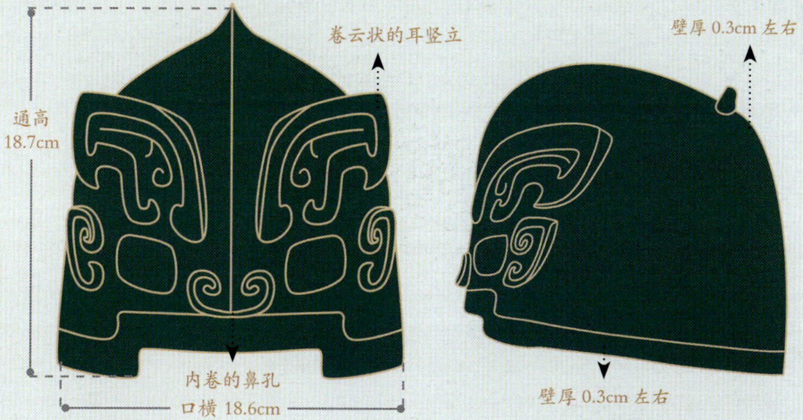

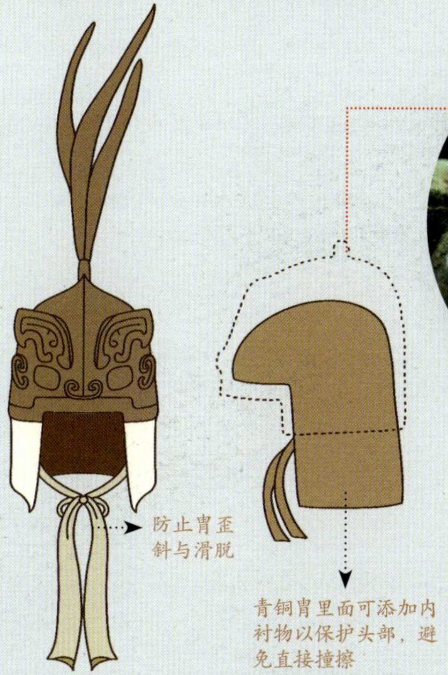

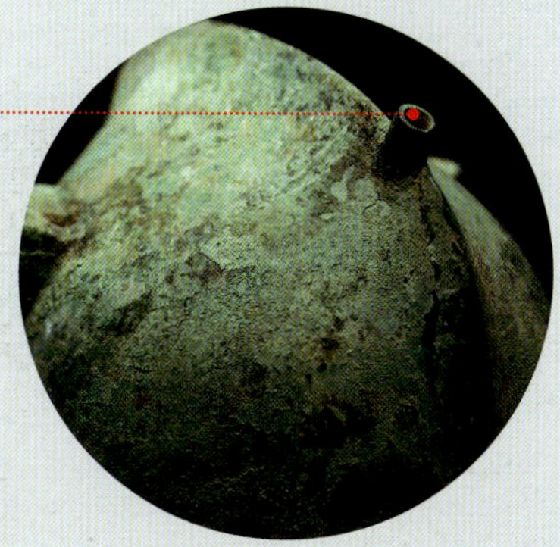

上方凸起的铜管是用于安装缨饰的，侧边各有一小孔，可穿绳系于下巴下方，造型设计兼顾了实用性与美观性。

秦青铜铍

● 带上“剑”的面具，穿梭于刀光剑影之中。

秦代 青铜兵器
秦始皇帝陵博物院藏

秦青铜铍，出土于秦兵马俑一号坑。以往的铍的木柄大多朽烂，只剩下了铍头，铍因与剑形制过于相似，曾一度被认为是短剑。其实，铍是一种用于刺穿的长兵器，最早称为“夷矛”，春秋战国时称为铍，东周时期在宋、吴、秦、赵、燕等国盛行，应用广泛。西汉时铁兵器逐渐取代青铜兵器，铍改为铁制，西汉中期以后逐渐消失。秦青铜铍刻有铭文，记载了铸造的年份、机构以及工匠的名字，信息翔实。秦兵马俑坑已发现的青铜铍约16件，在彰显秦国军事实力的同时，还填补了青铜铍研究的空白。

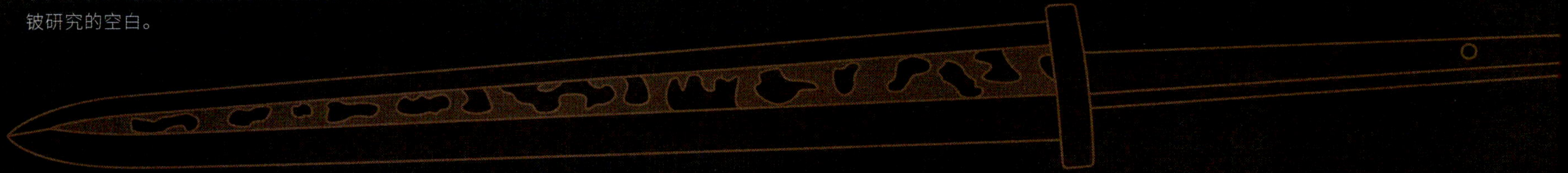

纹样 Patterns

秦青铜铍表面饰有若隐若现的散点云纹，与铍身表面平整一致，可视而触摸不到。它们可能是在成型的铍表面涂上液体后，将铜铍二次回火，液体遇热流动挥发而形成的。

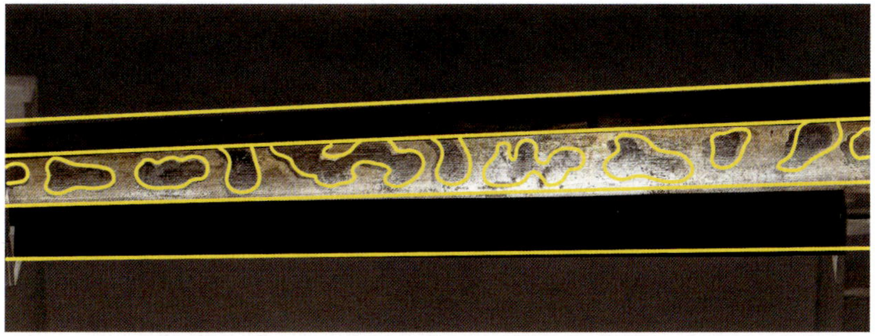

散点云纹

散点云纹为银白色，似形态各异的小云团，自然分布在秦青铜铍上，且不交错，增添了秦青铜铍的轻盈之感。

功能 Function

东周时期，长柄刀消失。铍代替长柄刀用于刺杀和劈砍。因铍茎较短，劈砍力度太大会导致刀头脱落，可见，铍的稳定性较差，击杀力度小。

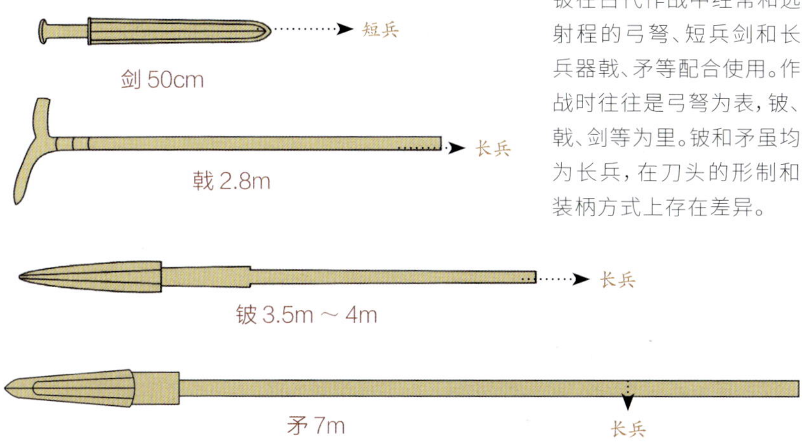

铍在古代作战中经常和远射程的弓弩、短兵剑和长兵器戟、矛等配合使用。作战时往往是弓弩为表，铍、戟、剑等为里。铍和矛虽均为长兵，在刀头的形制和装柄方式上存在差异。

造型 Style

铍起源于商周之际，流行于春秋战国时期。铍头似剑，后装有柲，完整的青铜铍的铍头还套有鞘，柲末端装有镦。根据铍头尾部的不同，青铜铍可分为銎骹铜铍、扁茎铜铍、异形铜铍3种。

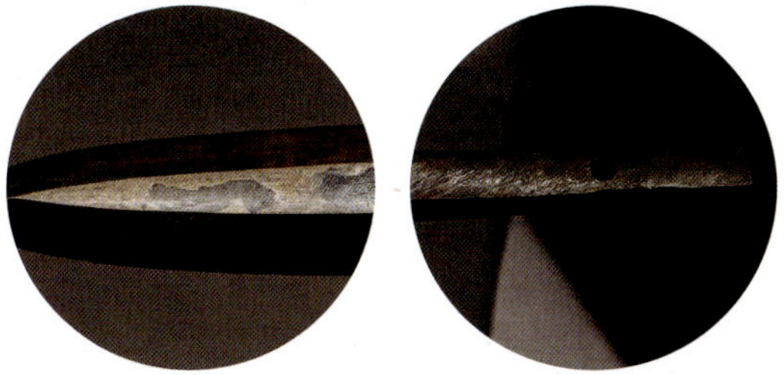

秦青铜铍为扁体，前部锐利，后部变宽，近茎处装“一”字形格，茎有圆孔，以便用钉子将其固定在长柄上。

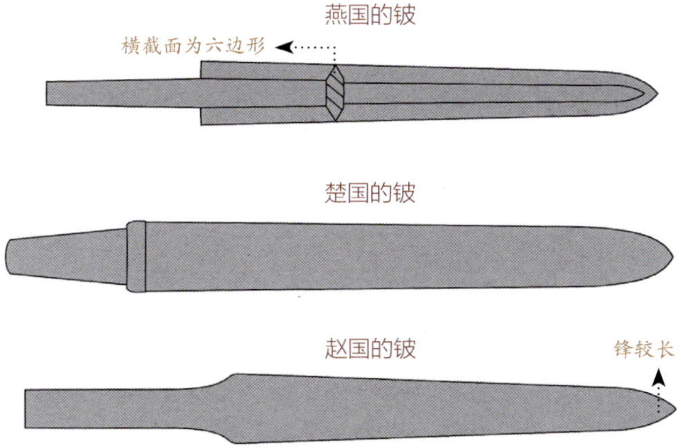

该铍无格，扁茎，双脊，横截面为六边形。

楚国的铍像短剑，有格，与吴越风格相近。

此铍有长锋，脊较为扁平，扁茎且略长。

汉青铜弩机

身处后方，我却是提高战力的关键。

汉代　青铜兵器
洛杉矶艺术博物馆藏

弩源于弓，在弓上安装弓臂，再在弓臂上设置弩机，弩便形成了。相较于弓，弩的杀伤力更强、射程更远、命中率更高，而且弩克服了人拉弓时因体力受限而无法持久发力的弱点，起到了“延时装置”的作用，是古代战争中的重要武器之一。弩机是弩上最重要的组件，是古代远射兵器中最早的机械装置。弩机出现于战国时期，盛行于秦汉，一般由机身、悬刀、望山三大部分构成。弩机发展至汉代，得到了改进：一是有了铜铸的机匣，称“郭”，增强了威力；二是望山的高度增加，提高了瞄准的精准度。此青铜弩机铸造精良，是汉代高超军事水平的反映。

纹样 Patterns

此青铜弩机纹样简洁精美，铜郭的前端上方与牙上饰有金色的条带状几何纹，铜郭上绘有细线，整体装饰显得规整有序。

几何云纹

铜郭和牙上饰菱形几何纹，旁边有相互勾连的线条，似浮动的云。

功能 Function

郭用于装箭，牙用于挂弦，望山用于瞄准，悬刀发挥扳机的作用，弩机的各个部位相互配合，分工明确。

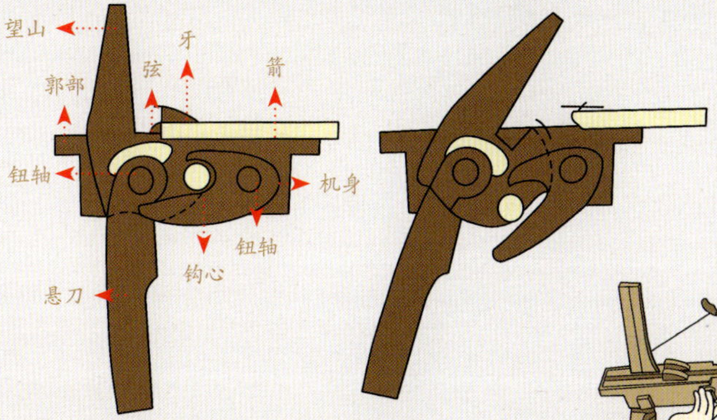

通过郭将箭放在牙上，用望山瞄准，扣下悬刀就可使箭高速射出。

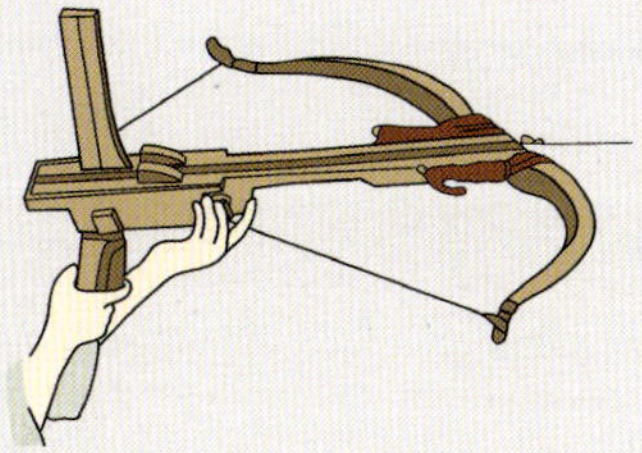

早期的弩将弓横置，在弓把处装上弩臂代替持弓手，用弩机代替勾弦手，也可用腿进行发力。

造型 Style

弩分为弩臂、弩弓和弩机3部分，在西汉时期，弩的形制已基本确定，直到宋代也没有太大的变化，仅在细微处做调整。弩按照发射方式的不同，可分为臂张弩、踏张弩、腰张弩、连弩和床弩等。

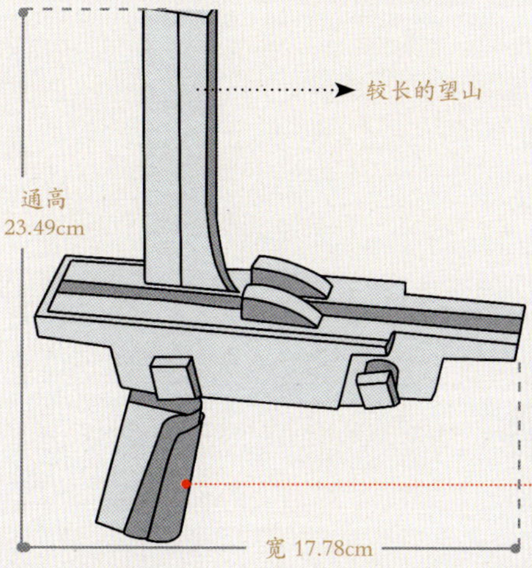

汉青铜弩机的悬刀处有两层弧状片，可增加扳动时的摩擦力，防止打滑失手。

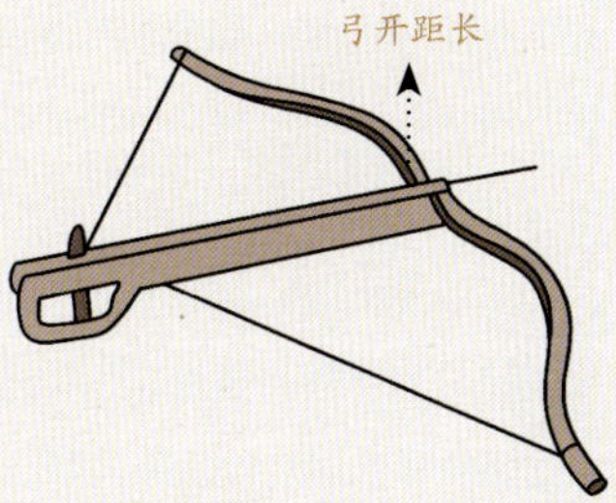

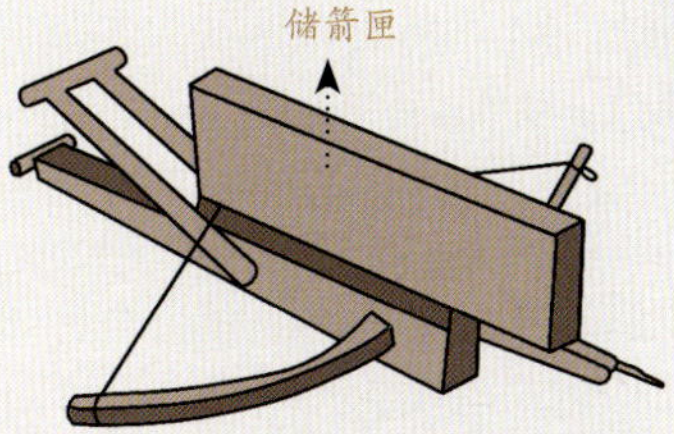

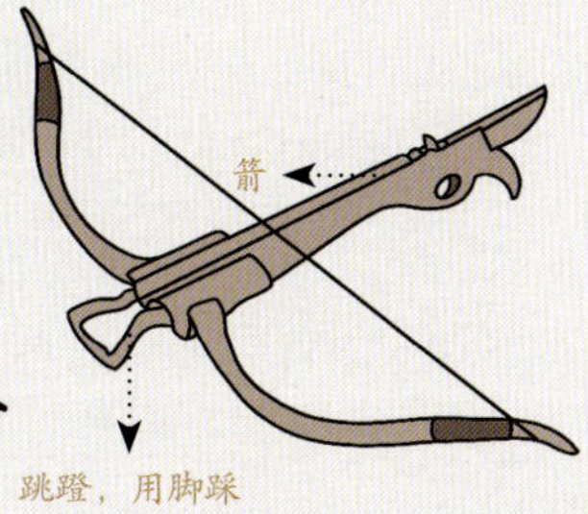

秦代

秦弩与战国弩形制相似，整体如弓，悬刀略呈长方形，弓上有韬做保护层。

三国时期

诸葛亮曾制造一种连弩，长8寸（1寸≈3.33cm），可储存10支箭，能反复上弦，连续发射。

宋代

神臂弩身长三尺三（1尺≈33.33cm），弦长二尺五，射程达240多步。

镶嵌龙纹铜柲玉戈

有兵器的威力，更有玉的温润。

美国弗利尔美术馆藏

商代晚期　青铜兵器

镶嵌龙纹铜柲玉戈，相传出土于河南安阳，是美国弗利尔美术馆所藏一组中国商代晚期铜玉绿松石兵器之一。戈是中国古代一种装在木杆上的双刃带尖的兵器，可勾可啄，适于勾、扫和劈击，功能较多，曾被列为车战中的五大兵器之首。镶嵌龙纹铜柲玉戈由铜、玉两种材料构成，铜玉结合的兵器历来发现较少，铜柲更为少见，该戈颇具特色。此器以软玉为刃，刃面雕刻阴线龙纹，刃上排列齿状雕饰，青铜部位的纹样采用绿松石进行镶嵌，装饰华美。由于玉和绿松石具有脆弱易坏的特点，此器实际作战能力不强，应是权力和地位的象征。

纹样 Patterns

此玉戈援的表面有用阴线刻的兽面纹，戈的内部与柲通体均饰有绿松石嵌片，嵌片的周边经过打磨，构成了龙纹、蕉叶纹、兽面纹等，整体装饰精美华丽。

立龙纹

柲的上端饰立龙纹，龙身修长，呈波浪形，动态十足，看起来十分轻盈，扉棱上的立龙纹更为方正端庄。

鸟首纹

戈内饰有鸟首纹，鸟饰小羽冠，羽冠微向外凸起，鸟嘴向内卷曲，与戈融为一体，眼睛圆润，绿松石透亮。

卷曲龙纹

樽为卷曲的兽形，头上有瓶形角，双角下粗上细，圆润流畅，兽尾卷曲的方向与戈内的鸟嘴卷曲的方向相对，十分和谐。

三角蕉叶纹

柲的下端饰有三角蕉叶纹，纹样绕柲一周，由一窄一宽两个尖锐的三角形组成。

造型 Style

青铜戈有3个部分，自上而下分别为戈头、柲和樽。镶嵌龙纹铜柲玉戈为直刃弧背，柲上有龠，下有樽。

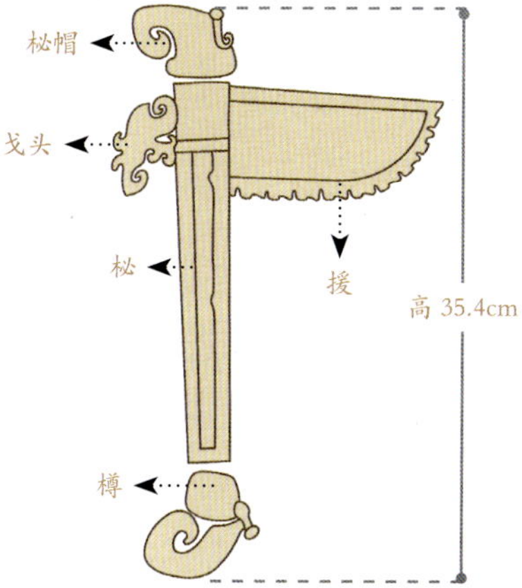

此玉戈下刃为锯齿状，背上有扉棱，兽形扉棱与锯齿状扉棱相互呼应，增强了造型的整体感。

形制 Form

青铜戈最早出现于夏代，为直内戈，流行于商代，战国时期铁兵器增加，青铜戈逐渐被淘汰。

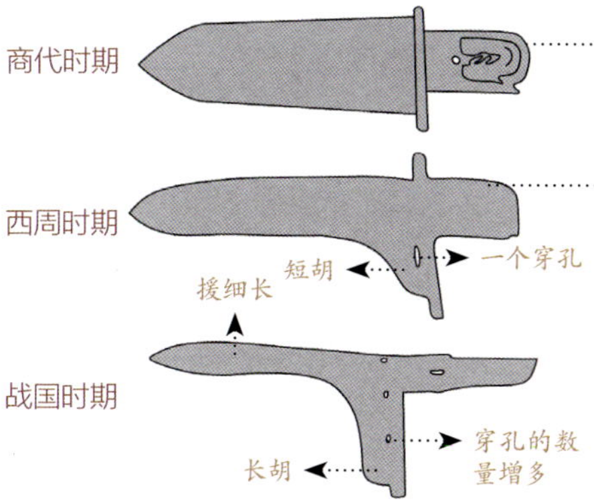

戈的形制随着时代发展而变化，援的长度逐渐增加，胡从无到有且越来越长，穿孔从无到有且数量逐渐增多。

杀人祭柱场面贮贝器

铜朱雀衔环杯

陽信家

长信宫灯

商戴金面罩青铜人头像

第六章 杂器

青铜杂器多为实用器，范围较广，种类繁多，包含灯、炉、镜等日常生活用品。从各种青铜杂器中，可以管见先民日常生活的方方面面，小到梳妆打扮，大到用车出行，上至王公贵族，下至平民百姓，每件器物都反映了历史中最自然而真实的生活。

错金博山炉

『中国大宁』瑞兽博局纹鎏金铜镜

杀人祭柱场面贮贝器

● 用满贯的财富，讲述古滇国的图像历史。

西汉时期　青铜器
云南省博物馆藏
第三批禁止出国（境）展览文物

杀人祭柱场面贮贝器，1956年出土于云南晋宁石寨山。贮贝器是古滇国特有的青铜器，是贵族用于储存海贝的容器，相当于现在的存钱罐。此器出土时内部有海贝300余枚。贮贝器主要由器身和器盖两部分组成。器盖先采用分铸法铸造，再进行焊接，装饰有许多立体人物、动物雕像，雕像写实生动，鲜活地再现了千年前狩猎、纺织、播种、祭祀等生活场景。此贮贝器器盖上呈现了盛大的祭祀场面。在只有用“图像”进行叙事的古滇国，此贮贝器发挥着记录历史的作用。

纹样 Patterns

此贮贝器的装饰集中于器盖上，上饰立体群雕，约有50人，另有一猪一犬，呈现了一个祭祀场面。鼓部采用线刻的技法，饰有8个男子。整器装饰写实而诡异。

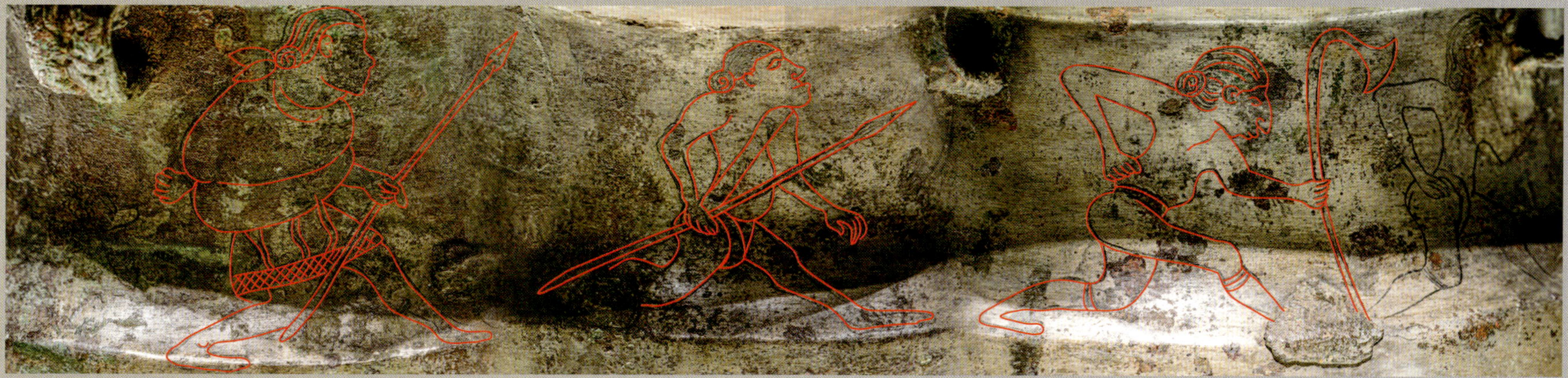

人物纹

鼓部镂刻8个姿态各异的男子，男子均裸体，胯下系有宽带，宽带上束至腰际，他们手持棍棒、弓箭等，呈奔跑状，似在追赶野兽。镂刻纹样后，用黑漆进行髹饰，使线条明晰，人物轮廓清楚。

造型 Style

贮贝器出现于战国末期，盛行于西汉中期，在东汉初期消亡。贮贝器按造型和形制可分为提桶形、束腰筒状、铜鼓形和异形等不同的类型。

此贮贝器为铜鼓形，有底有盖。器盖中央有蛇盘绕圆柱，柱顶上有一老虎，柱旁有一双臂反绑的裸体人物。柱右侧有一人高坐轿上，体态端庄，应是主持祭祀的女奴隶主。

文化 Culture

古滇国作为奴隶制国家，常采用一系列祭祀活动来表达自身对神灵和祖先的信仰。

古滇国以女性为尊，她们常主持祭祀仪式。

秦陵一号铜马车

气势浩大的仪仗队伍，有我皇家豪华马车撑场面。

首批禁止出国（境）展览文物
秦始皇帝陵博物院藏
秦代 青铜器

秦陵一号铜车马，1980年出土于陕西临潼秦始皇陵封土西侧20m处的陪葬坑。铜车马共两乘，破碎成3000多片，历经8年修复，得以还原。此铜车马采用了镶嵌、焊接和活铰连接等多种工艺，铸造精细，至今，它上面的各种链条仍转动灵活，辕衡仍能载舆行驶。此铜车马通身施以彩绘，所用颜料均为胶调和的矿物颜料，纹样线条立体，色彩鲜艳明丽。此铜车马按照真车马½的比例制成，是中国考古史上迄今出土的器型最大、结构最复杂、系驾关系最完整的古代车马，被誉为“青铜之冠”。

造型 Style

此铜车马为双轮单辕，车舆为横长方体，前边两角呈弧形。车上竖立一长柄铜伞，伞下站立一官俑。车上金银饰件丰富，整体造型彰显出皇家的富贵。

长柄铜伞结构精致，由盖斗、盖弓帽、木专等部件组成。伞盖呈拱形，面积大于车舆，覆盖性强，中心铜板呈水平状，伞盖由此向外缓缓向下弯曲，外形线条流畅。

官俑上着双重交领右衽长襦，下穿长裤，头戴双卷尾冠，背后佩剑，双臂前举，半握拳持6根辔绳。官俑额宽眼大，颧高唇厚，神情恭谨。

车架前的四匹铜马比例匀称，四肢粗壮，膘肥体壮，筋骨强健。中间两匹马举颈昂首，正视前方；两侧的马略侧视，头微向外转。四匹马张大鼻孔，作喘息状，神采奕奕。耸立于马头之上的车撑，用于支撑车辕，可减轻马的压力。四匹马高傲站立，静中寓动，整体造型优雅端庄。

铜车的两轮大小、形制完全相同，各有30根辐。轮牙的中部微鼓成弧形，毂呈壶形。毂内侧的一端短而粗大，中部束腰，毂外侧的一端细长。

纹样 Patterns

此铜车马通体施以彩绘，以蓝、绿、白为主，色彩鲜艳。纹样以菱形纹等几何纹为主，间以流云纹、变形夔凤纹等。

车伞杠纹样

环带纹、变形夔凤纹

纹样环伞柄一周，上有粗环纹、细线纹，凸起的部分饰横“S”形几何纹，形成二方连续的环带纹。上下分别饰有变形夔凤纹，其冠羽长翘，尾部回旋上翘，异常生动美丽。

马头上的金当卢纹样

流云纹、蟠螭蝉纹

金当卢正面有用细线勾画出的流云纹，中部有两个蟠螭蝉纹，纹样向上凸起。

车轼纹样

菱形纹

车轼的两面皆精心装饰着对称且协调的纹样，由两个相向而立的桃形图案巧妙地组合成一个精致的菱形纹。在桃形的尖角处，巧妙地勾勒出两条细腻而流畅的线条，在菱形纹的中心则精心绘制了一轮明亮的太阳纹，为整个车轼增添了一抹色彩。

形制 Form

秦汉时期的马车分单辕马车和双辕马车两种。单辕马车流行时间长，一直沿用到西汉中期；双辕马车出现于战国晚期或更早，西汉中期以后成为马车的主要形式。

单辕立马车

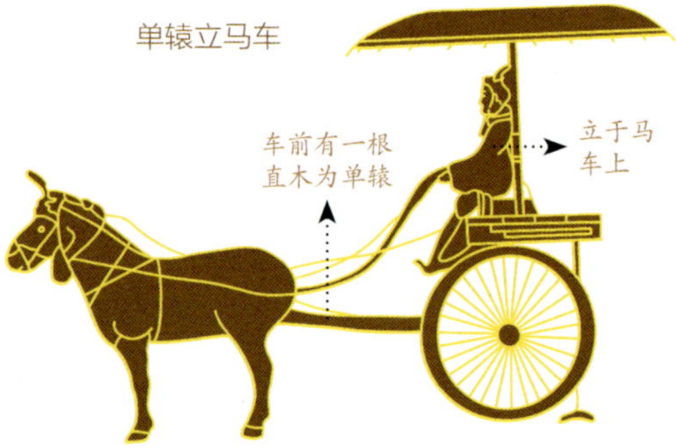

单辕，双轮，驷马系驾。铜车前面与两侧有车栏，后面留门以备上下，官俑立于马车上，故称单辕立马车。

单辕安马车

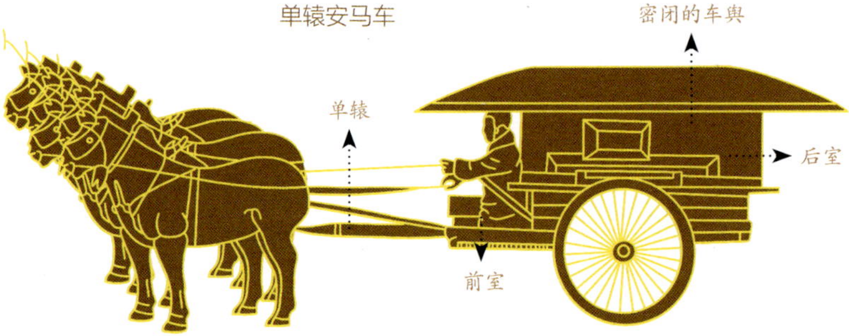

单辕，双軛，车架前有4匹马。车舆分为前后两室，前室小，后室供主人乘坐。此车为皇帝出巡所乘，称“单辕安马车”。

双曲辕辎车

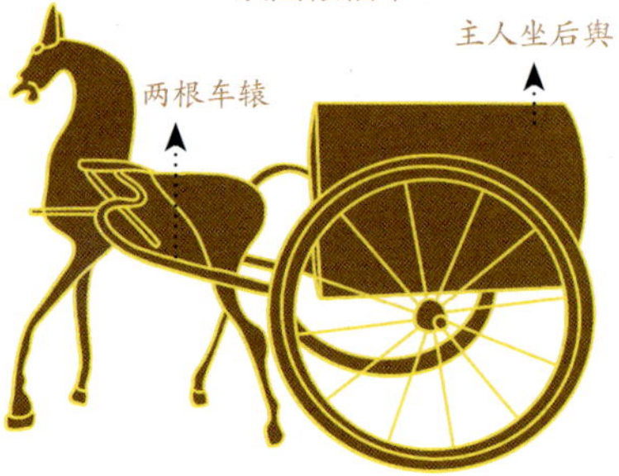

双曲辕辎车，双轮，每轮有12辐，车厢密闭，车棚卷曲成U形，车厢内部空间大，可载人载货，具有辎车的特点。

长信宫灯

● 一位佳人，点亮汉代的精致生活。

西汉时期 青铜灯具
河北博物院藏
首批禁止出国（境）展览文物

长信宫灯，1968年出土于河北满城汉墓窦绾墓中，因灯座底部的铭文“长信尚浴”而得名。汉代的铜灯多为动物造型，长信宫灯是目前所见唯一一件汉代人形铜灯。此宫灯由可拆卸的6部分组成，其中头部、右臂及身躯均用失蜡法铸造而成，并在外部鎏金。以宫女为造型的设计一改青铜器皿的厚重感，使得灯具更加舒展优雅。宫灯设计中对烟雾的处理方式，展现了超前的环保理念。器上的铭文展现了宫灯辗转的一生，穿越千年，它仍闪耀着光辉，似乎在某个漆黑的夜晚，会被再次点亮，讲述着汉代的风云故事。

造型 Style

长信宫灯的整体造型是一个双手执灯的跪坐宫女，她左手托灯，右手执灯，右臂与灯的烟道相通，手袖作为排烟炱的管道，宽大的袖管自然垂落，巧妙地形成灯的顶部。

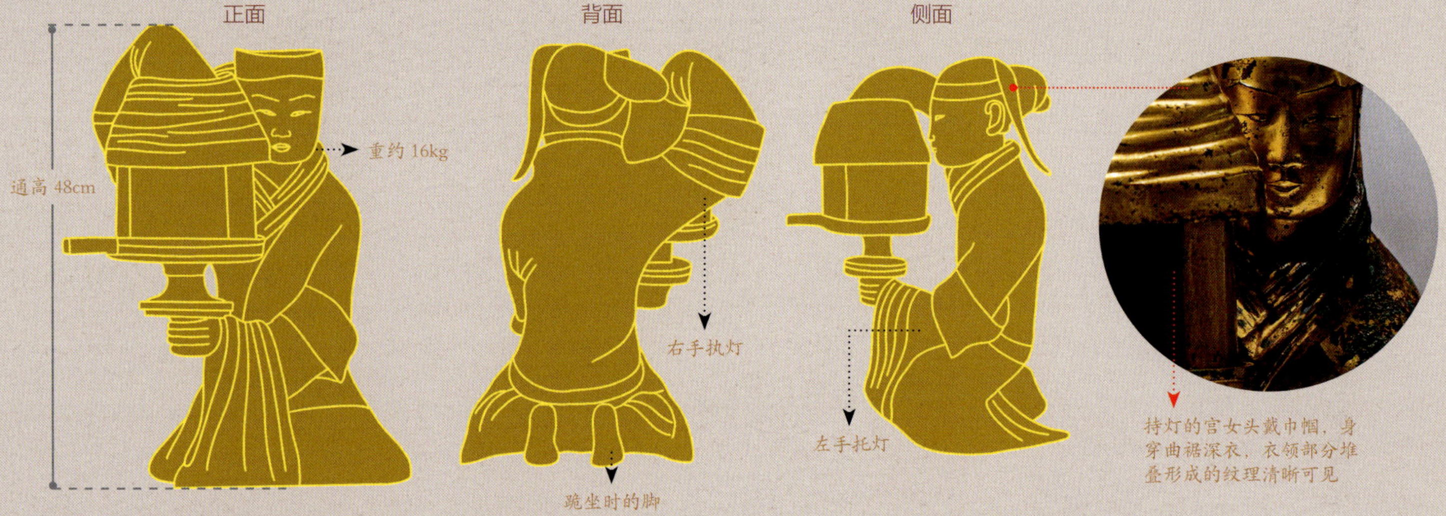

宫女挽髻，头戴巾帼，眉眼细长，脸型圆润，身着半臂襦以及内衬领和袖镶有宽边的曲裾深衣。衣领和袖口层次分明，衣纹的线条清晰，历历可数，腿部有衣角伸出，展示了汉代服饰的修长，给人宁静安详的审美体验。宫女坐姿挺拔，膝盖并紧，臀部坐在脚跟上，她目视前方，展现了汉代端庄谦恭的礼仪风范。

形制 Form

青铜灯出现于战国时期，广泛流行于秦汉时期。青铜灯种类繁多，大致分为像生形、像物形两类。像生形的青铜灯有人俑灯、兽形灯等，多装饰华美；像物形的青铜灯取形于日常生活中的器皿，更为简朴实用。

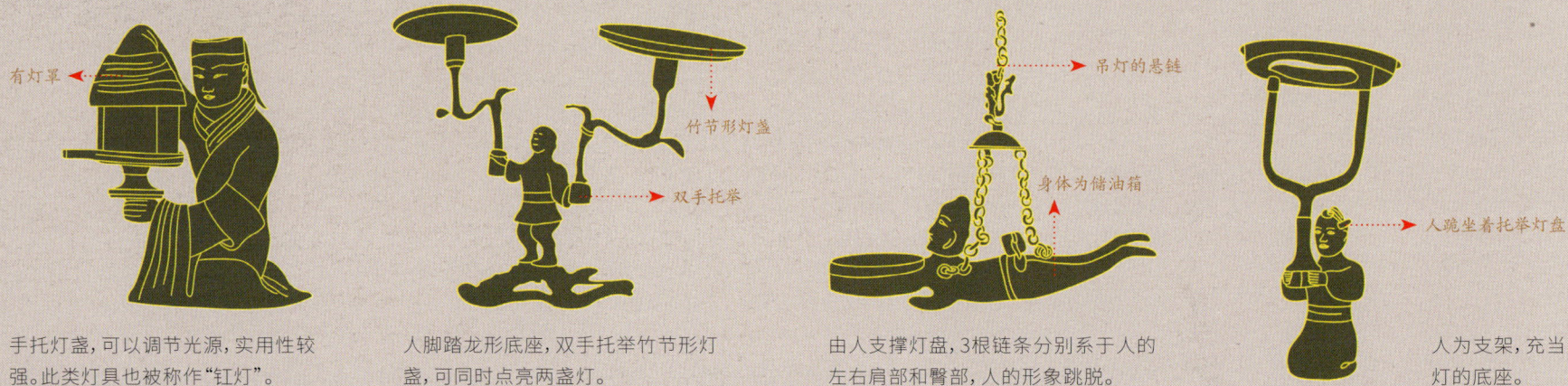

手托灯盏，可以调节光源，实用性较强。此类灯具也被称作“釭灯”。

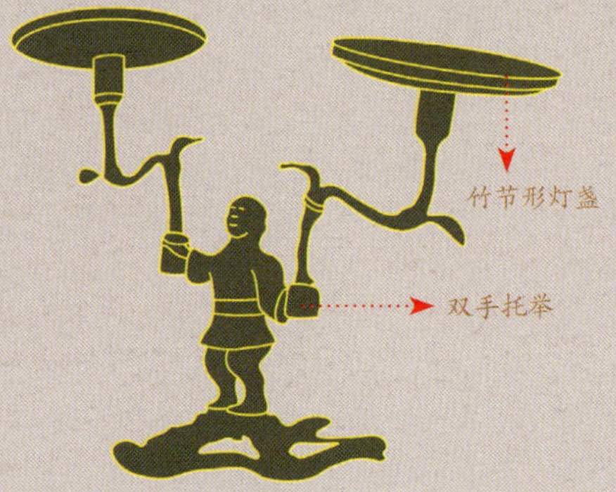

人脚踏龙形底座，双手托举竹节形灯盏，可同时点亮两盏灯。

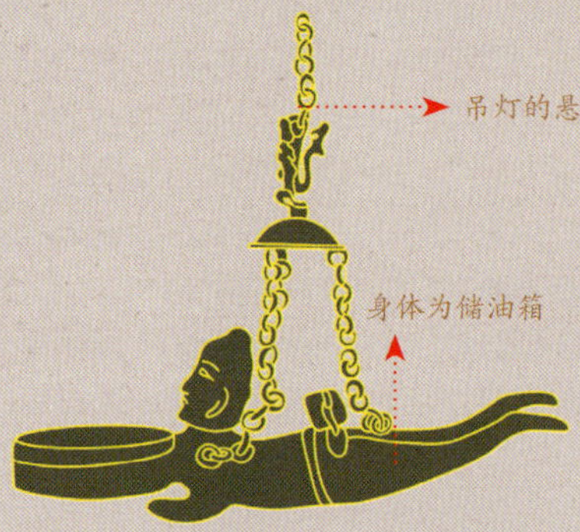

由人支撑灯盘，3根链条分别系于人的左右肩部和臀部，人的形象跳脱。

人为支架，充当灯的底座。

功能 Function

长信宫灯作为照明工具，将实用功能与环保理念有机结合起来。灯由分铸的头部、身躯、右臂、灯座、灯盘、灯罩6部分构成，每部分皆可拆卸，清洁方便，这样的结构设计有助于净化空气。

古代青铜灯多以动物油脂为燃料，点燃后形成的烟会弥漫整个室内，散发出刺鼻的气味。长信宫灯体内中空，灯点燃时，烟通过右臂进入灯体，被导入宫灯底部的水盘中。烟或被清水吸收，或沉于灯内，这样最大限度地避免了室内的空气污染，显示出独特的环保理念。可移动的灯盘和可左右开合的灯罩能有效调节灯光照射的方向和亮度，实用性极强。

铭文 Inscription

大克鼎的纹样有着典型的西周中晚期风格，其颈部饰有三组兽面纹，不同于商代兽面纹的狰狞凌厉，鼎上的兽面看上去非常柔和。鼎腹的波曲纹造型循环往复，是西周时期的经典纹样。

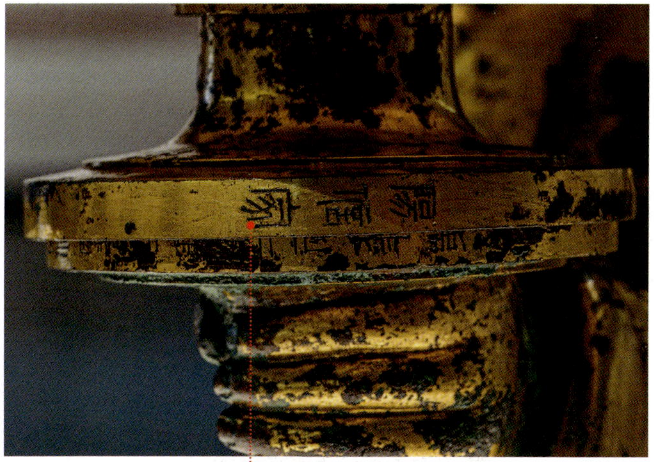

“阳信”字样工整，应为先刻，长信宫灯最初为长公主所有，后被转赠给窦太后（汉文帝皇后），因而被刻上了长信宫的专属铭文“长信尚浴”。随后，窦太后将其赠予刘胜妻子窦绾，长信宫灯最终随她入葬。

彩绘雁鱼青铜釭灯

● 取象自然，我为环保做贡献。

西汉时期 青铜灯具
中国国家博物馆藏

彩绘雁鱼青铜釭灯，1985年出土于山西朔县照十八庄村。釭灯就是带导烟管的灯，是汉代新创制的一种灯具。整个釭灯由雁衔鱼、雁体、灯盘和灯罩4部分分铸组合而成，呈现出衔鱼回首的伫立的雁形。“水禽衔鱼”的图像，始见于新石器时代的彩陶，商至西周的玉雕、汉代石刻画像中均有此图像。雁与鱼是吉祥之物，釭灯以此为形，寄寓了人们的美好愿望。此灯造型精美，灯盘、灯罩可转动开合以挡风和调节光照，鱼身、雁颈和雁体中空相通，可纳烟尘，它是集环保性与美观性于一体的艺术珍品。

造型
Style

彩绘雁鱼青铜釭灯整体为雁衔鱼的造型。雁作回首伫立状，雁颈修长，雁体肥硕，短尾上翘，双足并立，造型古朴优雅，精致独特。

在古代，雁象征着夫妻恩爱，鱼代表着生活富足美满。雁衔鱼这种写实生动的造型，既是古人对自然的模仿，又是古人对美好生活的期盼，此造型有特别的象征意义。

工艺
Technology

此青铜釭灯采用多部件组合套装的形式，各部件先分铸，再组合成一体，组合方便。器身运用了彩绘的装饰工艺。

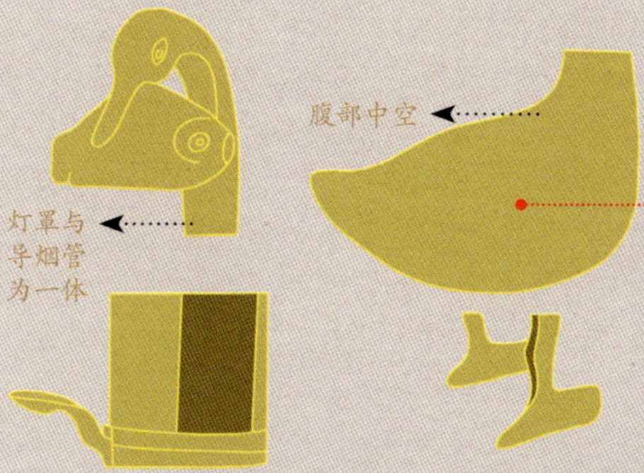

雁冠饰红彩，雁和鱼通身施翠绿彩，其上再用墨线进行勾勒，增加了纹样细节，使装饰更加写实。

功能
Function

釭在汉代以前多被应用在车辆和建筑上，釭灯是在以往灯具的基础上，糅合建筑设计的元素而制成的。带导烟管的灯可统称为“釭灯”。

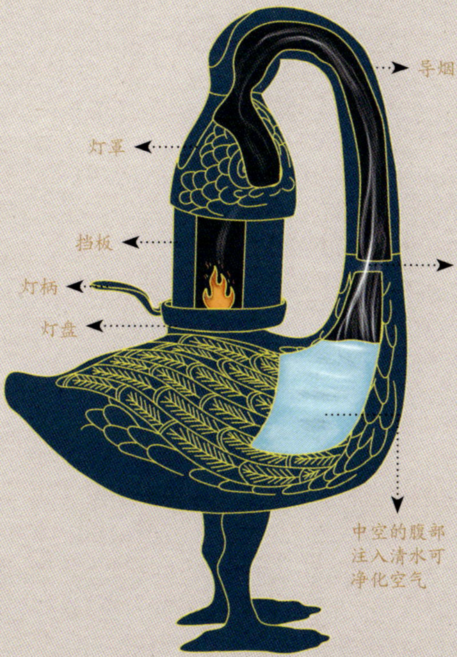

东汉铜牛灯

釭灯多由灯座、导烟管、灯盖、灯罩、灯柄、灯盘等构成，灯座基本为动物或人物造型。东汉铜牛灯灯座为一俯首站立的黄牛，上有圆形灯盘，灯盘一侧有扁平把手，此灯与彩绘雁鱼青铜釭灯结构相似。

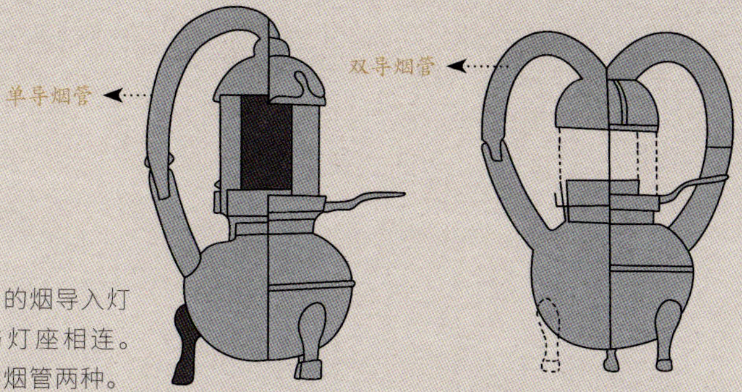

导烟管可将灯体中的烟导入灯座，通过子母口与灯座相连。有单导烟管和双导烟管两种。

铜朱雀衔环杯

● 行走在时尚的前沿，我为王后梳妆。

西汉时期 青铜器
河北博物院藏

铜朱雀衔环杯，1968年出土于河北满城汉墓窦绾墓之中，出土时杯内仍残留有红色物质，专家推测它是放置化妆品的器具。整个器具先分型铸造朱雀头、身、翅膀、尾、瑞兽、杯，再接铸、焊接而成，通体错金，并镶嵌足量的绿松石，金色的璀璨与宝石的翠意交相呼应，显得此杯华贵十足。朱雀与兽造型精美，高足杯配置对称平衡，体现了汉代铸器的高超工艺。此器具采用了朱雀衔环的造型，朱雀为二十八宿中南方七宿的总称，玉环是敬天所用礼器，二者的结合具有崇敬上天的意味，寄托了古人的精神追求。

纹样 Patterns

铜朱雀衔环杯通体错金，周身都雕刻着写意羽纹，显得超凡脱俗。器身点缀30颗圆形和心形的绿松石，朱雀颈和腹嵌4颗，高足杯内外共嵌26颗。

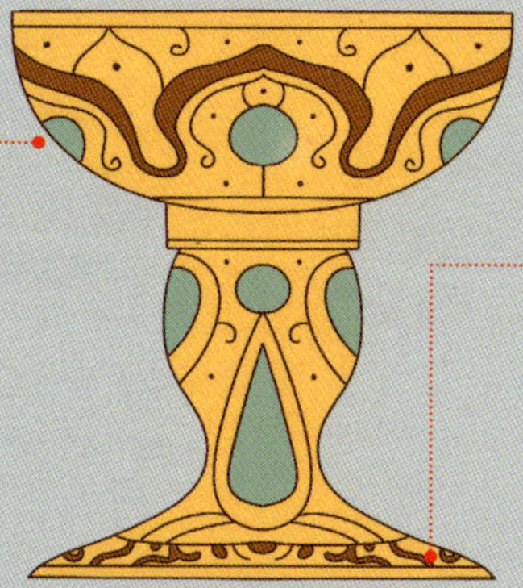

柿蒂纹

杯内所饰柿蒂纹为植物纹的一种，取形于柿子之蒂，又被称为“十字形四叶纹”，寓意着繁荣吉祥。

卷云纹

杯座上饰金色的卷云纹，纹样用线较粗，减弱了卷云纹的飘逸感，在视觉上增强了杯座的稳定性。

背景 Background

朱雀是神话中寓意吉祥的神鸟，属于四神之一。因具有唯我独尊的气势，其多用于王室器物的装饰。

四神又称“四灵”，包括玄武、青龙、白虎和朱雀。汉代时人们将四神视作避邪求福的神兽，又用其表示季节和方位。

造型 Style

整个器具为朱雀衔环的造型，朱雀站立在两个高足杯之间的兽背上，体态端庄，昂首翘尾，展翅欲飞。底部的双耳兽匍匐在地，四脚踏在高足杯的底座上。高足杯作斗状，粗把，喇叭形底座。

双耳兽的存在既渲染了朱雀凌驾万物的傲然气势，又调整了朱雀双脚之间的跨度，使造型更加和谐。

朱雀口中的玉环可自由转动，寓意天道的运行也是如此循环往复，无穷无尽，增加了造型的神秘色彩。

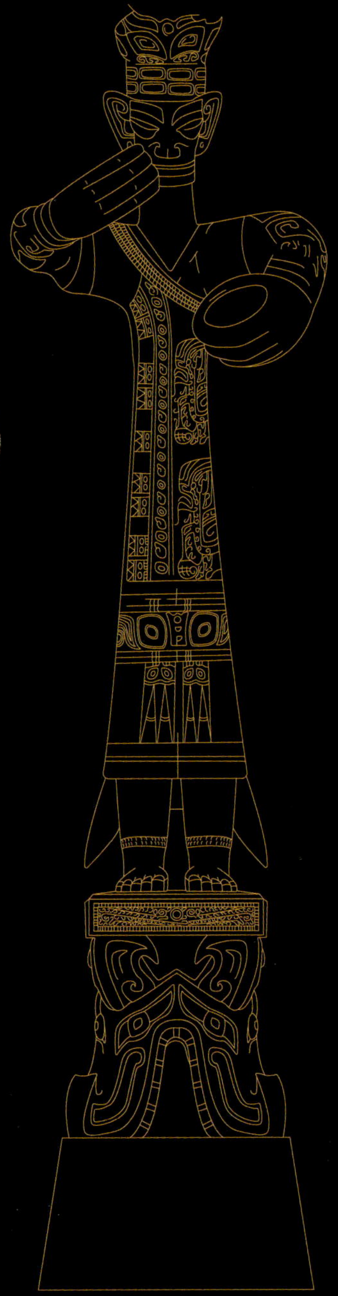

青铜立人像

● 是神是人，我的身份让人捉摸不透。

商代时期 青铜人像
三星堆博物馆藏
第三批禁止出国（境）展览文物

青铜立人像，1986年出土于四川广汉三星堆遗址二号祭祀坑，出土时人像已被砸损，断裂为几截，散乱地置于坑中，经过精心修复，这件在同期出土的器物中器型最大的青铜人像再次屹立于世。整个雕像由人像和底座两部分组成，采用分段浇铸法铸成。人头戴花状高冠，身着华服，两臂呈环抱状置于胸前，脚上戴镯，人光脚站立于兽形方座之上。此人像造型威严肃穆，似为通天达地的“领袖”。关于人手所持之物，有权杖、象牙和蛇等说法，至今未有定论。人像背后的三星堆文化以其神秘而特有的内涵吸引着我们对它进行进一步探索。

纹样 Patterns

此人像的头冠饰有兽面纹和回字纹，衣服的纹样以龙纹为主，兼有鸟纹、虫纹和目纹等，装饰极其华丽，这件衣服被誉为“最早的龙袍”。整体的装饰神秘大气，突显了人物的高贵。

兽面纹

最里层的衣服下摆上饰有由虫纹和目纹构成的兽面纹，下为头戴锯齿形高冠的倒置兽面纹。

龙纹

最外层的短衣上饰有龙纹，龙爪紧握，身体方折，头部饰有长尾高冠，整体似呈屹立状，颇具威严。

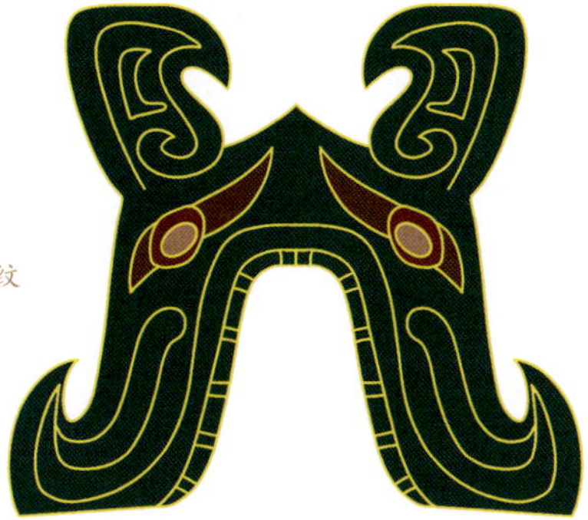

卷曲象鼻兽纹

座腿为4个相连的兽头，兽眼突出，牙齿呈“几”字形排列，兽角粗大，支撑着台面，下端与底座的四隅相连。

造型 Style

青铜立人像头戴花状高冠，两臂呈环抱状，形象庄严稳重。

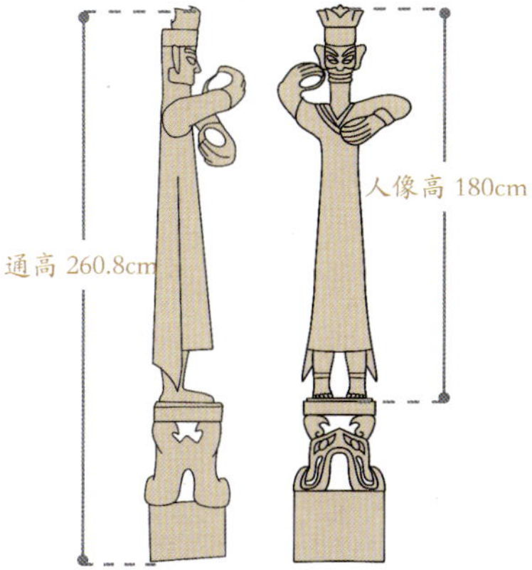

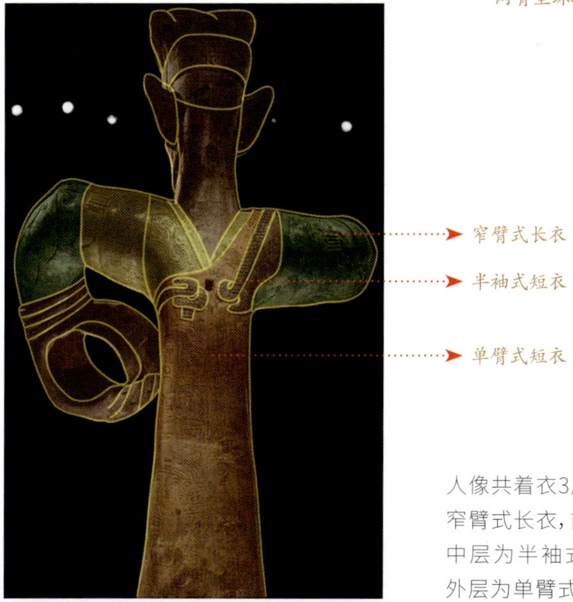

人像共着衣3层，内层为窄臂式长衣，前长后短，中层为半袖式短衣，最外层为单臂式短衣。

商戴金面罩青铜人头像

用珍贵的黄金，遮挡彰显我至高无上的地位的脸庞。

商戴金面罩青铜人头像，1986年出土于四川广汉三星堆遗址二号祭祀坑。三星堆遗址目前所出土的青铜人头像均为圆雕，这些青铜人头像装扮各异，多样化的发式及头部装饰在一定程度上反映了古蜀浑朴的民风。人像神情相似，嘴唇均紧闭，嘴角略向下倾斜，看上去威严肃穆。此件青铜人头像是二号祭祀坑中戴有金面罩的4件青铜人头像中的一件，这种金面造像代表人物身份较为尊贵，手握生杀大权，并具有与神交流的特殊技能。三星堆遗址所出土的雕像群，填补了中国商代青铜人物雕塑的空白，为早期偶像崇拜的研究提供了实物资料。

商代时期 青铜人像

三星堆博物馆藏

造型 Style

此青铜人头像为平顶，头发向后梳并呈辫状垂于脑后，倒八字眉，杏核眼，蒜头鼻，阔口闭唇，面部戴有金面罩，给人以尊贵与神圣之感。

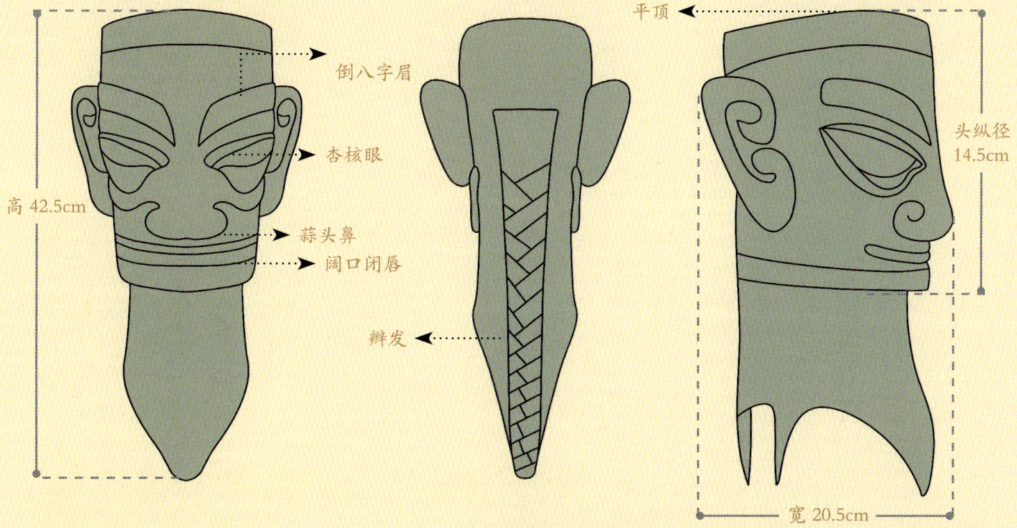

此青铜人头像耳大，耳垂穿孔。目前发现的三星堆遗址中的青铜人头像与面具中，耳部基本都有穿孔，这说明古蜀人当时有穿耳的习惯，穿耳应是为了佩戴耳环等挂饰，这样既可增加造型的美感，同样也作为高贵身份的象征。

文化 Culture

三星堆遗址的一、二号祭祀坑共出土了50多件青铜人头像，它们应为古蜀人崇拜的偶像，如天神、祖先等精神领袖，表现出了古蜀国人神合一的社会形态。

三星堆遗址出土的戴金面罩的青铜人头像仅有4件，上右图为圆头顶人像。上面这两件青铜人头像的金面罩均在眉毛、眼睛处镂空，耳朵上有穿孔。古蜀人视金为贵重物品，面部贴金，除作为装饰外，更是为了体现人物的特殊身份。

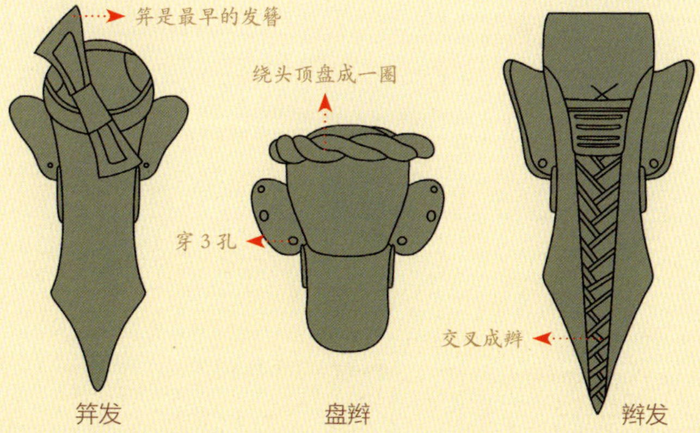

三星堆遗址的青铜人头像，造型各不相同，佩戴的冠帽有斜纹平顶冠、回字纹平顶冠、双角形冠、立冠、异形冠等，发式可分为笄发、辫发、盘辫、立发等，不同的发式代表了不同的身份。

金银平脱鸾凤花鸟纹铜镜

镜中花园，映照出唐代女子的容颜。

唐代时期 青铜镜
洛阳博物馆藏

金银平脱鸾凤花鸟纹铜镜，于1970年出土于河南洛阳关林镇卢氏墓，是目前国内所出土的金银平脱镜中保存较好的一件。隋唐时期是中国铜镜继汉代之后的又一个大发展时期。这一时期的铜镜，形态纹样生动，出现了花鸟镜、十二生肖镜、人物镜等。唐代的铜镜纹样繁复精美，堪称历代的巅峰。金银平脱工艺在盛唐时期风行一时，工序繁复，成本极其高昂，其制品是仅流通于上层贵族的奢侈品。此镜纹样精美，花卉、鸾凤、飞鸟、蝴蝶等交相辉映，金银闪烁，时隔千年，纹样依然深嵌其中，把铜镜衬托得流光溢彩。

纹样 Patterns

镜背内外区以双弦纹作为分界，其间用金银片捶拓成各种纹样，外区饰有鸾凤衔绶纹、折枝花卉纹，彼此相互穿插，内区饰有八瓣宝相花纹，整体装饰看上去十分华丽。

鸾凤衔绶纹

外区4只鸾凤昂首绕花飞行，优美雅致，它们口衔的绶带包围了凤身的下半部分，凤尾羽毛秀丽。

折枝花卉纹

折枝花卉纹饰于鸾凤衔绶纹旁，枝干交缠，自然生长，叶片茂密，呈现出一片生机盎然的图景。

宝相花纹

宝相花纹流行于隋唐时期，是从自然形象中概括出花瓣、芽和叶的形状，并经过艺术处理的完美变形的纹样。

结构 Structure

唐代铜镜相较汉代铜镜发生了一定的变化，出现了菱花形、葵花形、“亚”字形等镜形，打破了以往单一的圆形模式，线条流畅，这些铜镜仍采用对称式和环绕式构图法。

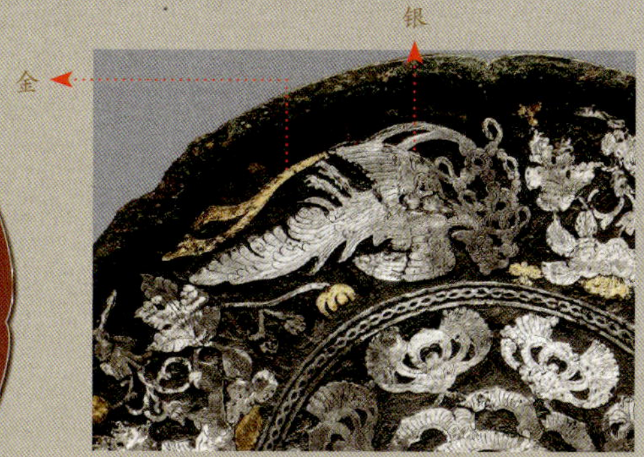

金银平脱花鸟铜镜呈八瓣葵花形，高圆钮，内外区纹样呈同心圆式分布，镜背的漆已经脱落，但金银箔片镶嵌得十分牢固。

工艺 Technology

金银平脱产生于汉代，是结合髹漆与金属镶嵌的装饰工艺，由金银箔贴花发展而来，流行于盛唐时期，多为上层贵族所用。

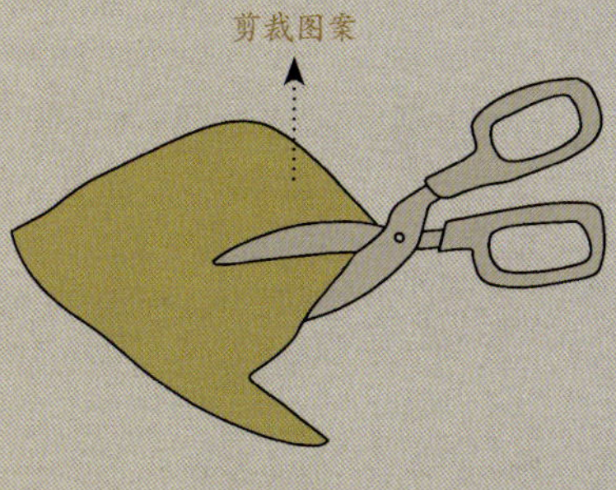

第一步

金银平脱极为耗时。需先在较厚的金银箔片上錾刻出装饰图案，再将其裁剪下来，粘贴于器物表面。

第二步

先在器物表面反复髹漆并晾干，将装饰图案遮住，再反复打磨进行抛光，使装饰图案露出并与漆面平齐。

『中国大宁』瑞兽博局纹鎏金铜镜

日常用具，体现着古人对祖国的祝愿。

“中国大宁”瑞兽博局纹鎏金铜镜，1951—1952年出土于湖南长沙伍家岭211号墓，出土时此铜镜裂为数块，漆奁已经朽毁。此镜因背面的铭文“中国大宁”而得名。铜镜是中国古代常见的日用器具。目前发现最早的铜镜出现于新石器时代晚期的齐家文化遗存。汉代在战国铜镜的基础上，进一步发展铜镜，开启了铜镜上刻铭文的先河，镜式逐渐变得简洁，改变了战国时期严谨的风格。汉代铜镜多为圆形、薄体、平边，有圆钮，装饰程式化。铜镜作为照面用具，既寄托了民众的期盼，又在道家文化中具有特殊的含义。

中国国家博物馆藏

西汉时期 青铜镜

纹样 Patterns

镜背纹样由一周双线弦纹分为内外两区，内区饰“T”形纹，外区饰“L”“V”形纹，中间穿插羽人、玄武、朱雀等纹样，其间饰以云气纹，近缘饰有短斜线纹一周。

兽首四叶纹

钮座上的四叶纹间饰有兽首纹，该纹样以简单的线条精准地刻画出兽首的特点，兽角尖锐，口微张，双眼大睁。

瑞兽纹

兽首在内区，身体在外区，这突破了传统装饰内外区的界限，构图新颖。兽神情威严，身体健壮有力。

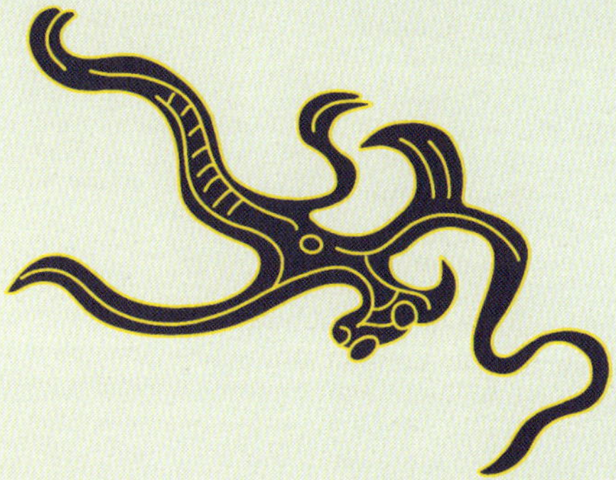

羽人纹

外区饰有羽人纹，羽人头发直立，手臂上长有尖刺般的羽毛，身后饰一长尾。

长尾人形神兽纹

内区饰有长尾人形神兽纹，身体修长，延伸至外区，似轻盈灵活地穿梭于镜背之上，更突显了兽之神性。

结构 Structure

铜镜一般由镜面、镜背、钮、钮座、内区、中区、外区、边缘、铭文带、镜铭文及主题纹样等组成。镜形多样，正面一般微凸或较平，背面用于铸刻纹样进行装饰。

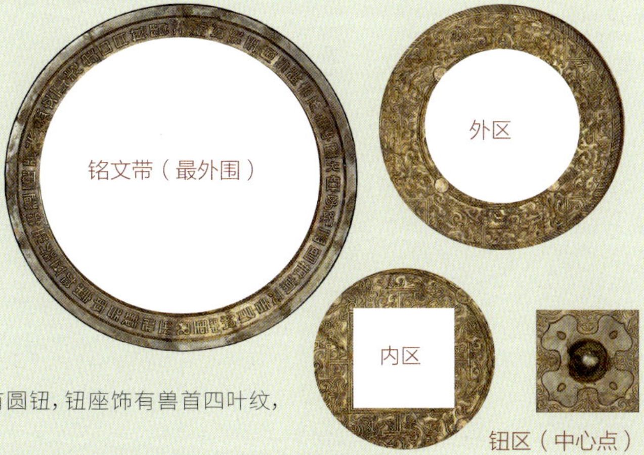

“中国大宁”瑞兽博局纹鎏金铜镜为圆形镜，有圆钮，钮座饰有兽首四叶纹，以博局纹和瑞兽纹为主题纹样。

铭文 Inscription

此铜镜缘铸有一周铭文带，铭文共52字。铭文字体介于篆书与隶书之间，书写规整，流畅疏朗。

中国大宁
子孙益昌

铭文寄予了人们的美好期盼，意为希望中国和平安宁，子孙世世代代昌盛。这里的“中国”指大汉王朝。

铜奔马

飞驰于旷野，我有与云霄匹敌的迅疾之势。

东汉时期 青铜器
甘肃省博物馆藏
首批禁止出国（境）展览文物

铜奔马，1969年出土于甘肃武威雷台汉墓，又名“马踏飞燕”“马超龙雀”等。铜奔马出土时残破不全，尾巴断裂，经过精心修复，它再次完整地出现于世人面前。雕塑整体为一匹奔腾的马，马足下踏一飞鸟。马胸广臀圆，看上去十分健壮，头微左偏，鼻孔张大。铜奔马准确把握了力学原理，将着力点置于飞鸟的一足上，并在腿内夹有铁芯来增强支撑力，铸造工艺先进。铜奔马曾在多国被人们观摩，被认为是东西方文化交流的使者，于1983年被确定为“中国旅游标志”。

造型 Style

铜奔马的造型设计运用了现实主义与浪漫主义相结合的表现手法，捕捉了马奔腾的瞬间，马的一足凌于飞鸟之上，突显出了马的迅疾与矫健，整体造型精妙。

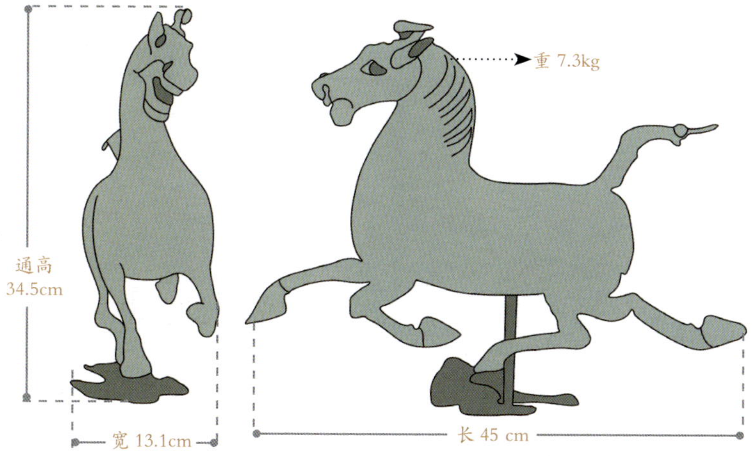

飞鸟的头、双翅与尾巴呈伸展状，底部较平直，增加了与地面的接触面积，使马可以顺利地在飞鸟的背上保持平衡。

铜奔马的头部与背部残留有明显的彩绘痕迹，马腹鞍边亦残存有朱、白彩绘痕迹，千年前的它，一定更有活力。

文化 Culture

马是古代作战与运输中使用范围最广的座驾。在汉代，为维持北部安定，需要强大的骑兵来抗击匈奴，人们也因此将马视作战力与英雄业绩的象征。

与铜奔马一起出土的还有铜车马、武士仪仗俑等

马是汉代社会重要的战力、生产力与运输力。汉武帝曾作《天马歌》赞颂马，曾多次派人去西域求马。马被人们神化，也被视为财富的象征。

背景 Background

初见铜奔马时，甘肃省的文物工作者们便认定了其超高的价值，后因郭沫若的推荐，铜奔马的知名度不断提高，名扬海外，英国观众将其誉为“绝世珍宝”。

农民意外发现古墓，党寿山及时阻止了文物变卖。

因铜奔马十分珍贵，郭沫若建议将其调至北京展览。

铜奔马赴法、日、英、瑞等国展览。

以铜奔马为主题，推出文创产品，让铜奔马这一文物以新的形式走进千家万户，焕发青春活力。

错金博山炉

缭绕仙气之中，寻升仙长生之道。

西汉时期 青铜器
河北博物院藏

错金博山炉，1968年出土于河北满城中山靖王刘胜墓，主体装饰华丽的错金云纹，器盖雕刻生动，刻画出了一派生机盎然的景象，精美至极，专家推测此炉为刘胜沐浴时熏香所用。中国熏香历史久远，远古先民在焚烧柴草的时候，发现了香草的功效，开始有意识地熏烧香料以净化空气，战国时期就已经出现了精美的熏炉。博山炉出现于西汉，盛行于汉、晋时期，因当时求道升仙之风盛行，博山炉便模仿了传说中仙山的造型，多被贵族使用，用于熏衣染被。北宋时，博山炉慢慢消失，逐渐成为香器中的传说。